觉醒吧！数学思维

[日] 前田昌宏/著　彭　佳/译

頭がよくなる謎解き
算数ドリル

浙江人民出版社

图书在版编目（CIP）数据

觉醒吧！数学思维 /（日）前田昌宏著；彭佳译. —
杭州：浙江人民出版社，2022.8
ISBN 978-7-213-10654-5

Ⅰ. ①觉…　Ⅱ. ①前… ②彭…　Ⅲ. ①小学数学课—
教学参考资料　Ⅳ. ①G624.503

中国版本图书馆CIP数据核字（2022）第101092号

浙 江 省 版 权 局
著作权合同登记章
图字：11-2020-404 号

觉醒吧！数学思维
JUEXING BA SHUXUE SIWEI
[日]前田昌宏　著　　彭 佳　译

出版发行：浙江人民出版社（杭州市体育场路 347 号　邮编：310006）
市场部电话：（0571）85061682　85176516
责任编辑：潘海林
营销编辑：陈雯怡　赵　娜　陈芊如
责任校对：杨　帆
责任印务：刘彭年
封面设计：红杉林文化
制　　版：济南唐尧文化传播有限公司
印　　刷：浙江海虹彩色印务有限公司
开　　本：710 毫米 ×1000 毫米　1/16　　印　　张：14
字　　数：181 千字　　插　　页：1
版　　次：2022 年 8 月第 1 版　　印　　次：2022 年 8 月第 1 次印刷
书　　号：ISBN 978-7-213-10654-5
定　　价：58.00 元

本书的使用方法

本书内容由浅入深，涵盖小升初所需的数学知识和技能。

各章中前 2/5 的题目属于引导性习题，其次是 2/5 的基础题，后 1/5 是日本各校的入学考试模拟题。所以，无论处于哪个阶段的同学，都可以根据自己的实力选择相应的习题进行练习。

另外，在出题时，本着“容易计算”的原则尽量简化了题设的数值；讲解答题思路时，多采用图表，少使用公式，尽可能让学生从视觉上比较出自己的解题思路和答案范例思路的差异。建议充分利用“解题技巧”，仔细思考，认真求解。

在“答案与解析”页面上，设有详细易懂的解说和进一步拔高用的“点拨”。

题目页面右侧的三角尺图标表示难易度的 3 个等级。完成本书全部习题后，你将能掌握直至大学入学考试均适用的思考能力。

请大家灵活使用本书，掌握应考的本领吧！

目录 Contents

平面图形

问题 1

为什么圆的面积公式是 πr^2（圆周率 × 半径 ^{2}）呢？

（1）如下图所示，画出多边形的外接圆。图中圆（红色虚线）的直径是 100 cm。用正六边形、正十二边形和正十八边形的周长除以直径后分别是多少？（四舍五入到小数点后二位）

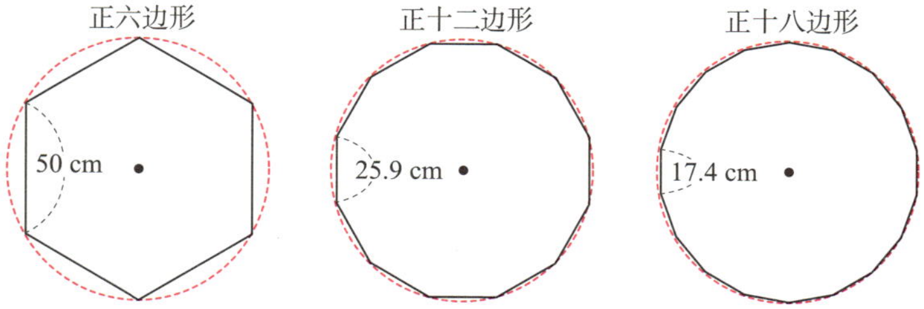

（2）半径是 10 cm 的圆的面积是多少？（π 取 3.14）

回答：

（1）答案：正六边形 3.00，正十二边形 3.11，正十八边形 3.13

正六边形 $50\ \text{cm} \times 6 \div 100\ \text{cm}=3.00$

正十二边形 $25.9\ \text{cm} \times 12 \div 100\ \text{cm}=3.108 \approx 3.11$

正十八边形 $17.4\ \text{cm} \times 18 \div 100\ \text{cm}=3.132 \approx 3.13$

点拨

正 n 边形的边数越多，该图形越接近圆。因此，当正 n 边形的周长除以圆的直径时，边数越多，结果会越接近圆周率 π（圆的周长 ÷ 直径）。

（2）答案：314 cm^2

$$10\ \text{cm} \times 10\ \text{cm} \times 3.14=314\ \text{cm}^2$$

点拨

圆的面积公式“πr^2”是怎么得来的呢？让我们来思考一下吧。

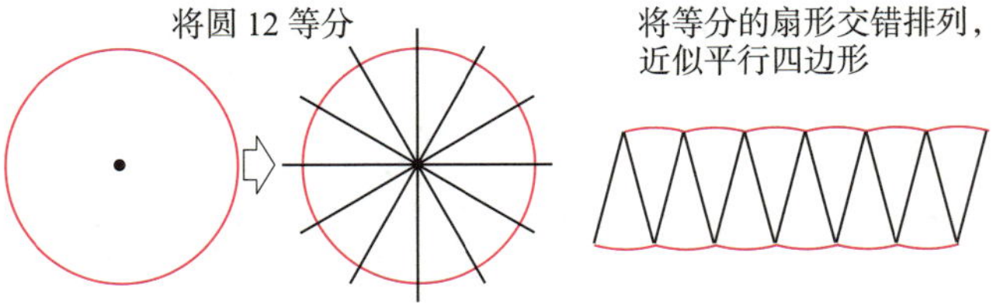

如果将圆 100 等分，平行四边形会更近似长方形。

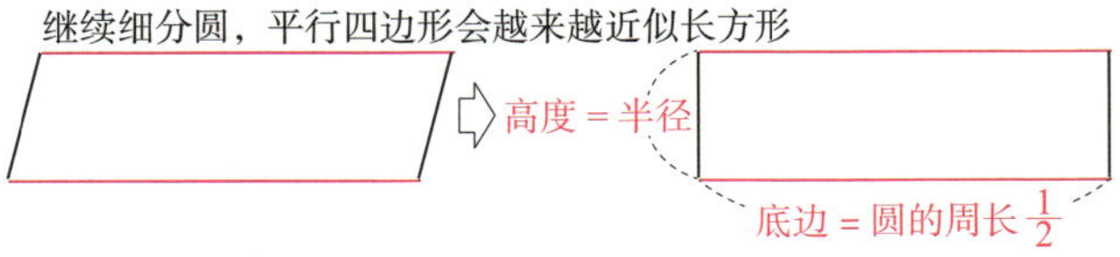

因为圆的周长 = 直径 × π = 半径 ×2× π，所以，长方形的面积 = 半径 × 半径 × π = 圆的面积。

问题 2

哪条路更近?

(1) 下图中,①和②的粗线的长度分别是多少? (π 取 3.14)

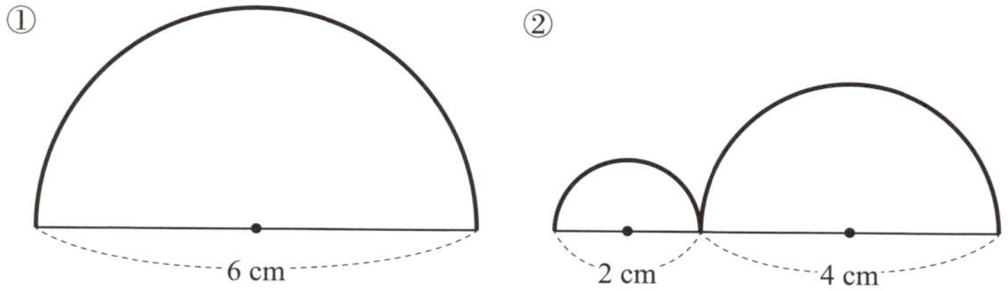

(2) 从丽丽家到松树公园有两条由半圆形组合起来的道路——樱花大道和鲜花小道,如下图所示。请问哪一条是捷径?还是说两条路的路程相同?

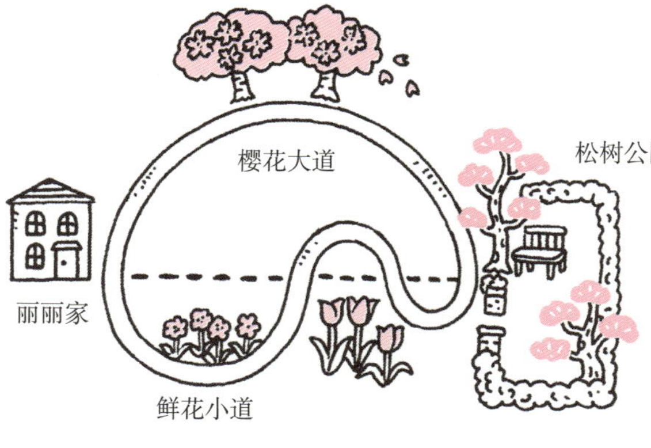

回答:

答案与解析 ▸ 问题 2

（1）答案：① 9.42 cm ② 9.42 cm

① $6\ \text{cm} \times 3.14 \times \frac{1}{2} = 9.42\ \text{cm}$

② $2\ \text{cm} \times 3.14 \times \frac{1}{2} + 4\ \text{cm} \times 3.14 \times \frac{1}{2} = 9.42\ \text{cm}$

点拨

圆的周长 = 直径 × 圆周率。

（2）答案：两条路的路程相同

樱花大道的直径和鲜花小道的 3 条直径之和是相等的。因此，樱花大道的弧长与鲜花小道的 3 条弧长之和也是相等的。

点拨

如果使用“乘法分配律”，则问题（1）中的②与①的算式相同。

$$2\ \text{cm} \times 3.14 \times \frac{1}{2} + 4\ \text{cm} \times 3.14 \times \frac{1}{2} = (2\ \text{cm} + 4\ \text{cm}) \times 3.14 \times \frac{1}{2}$$

$$= 6\ \text{cm} \times 3.14 \times \frac{1}{2}$$

同理，问题（2）中，用○m、□m 和△m 分别表示鲜花小道的 3 个半圆的直径，则两条路径的算式也相同：

樱花大道的路程 = （○m + □m + △m）× 3.14 × $\frac{1}{2}$

鲜花小道的路程 = ○m × 3.14 × $\frac{1}{2}$ + □m × 3.14 × $\frac{1}{2}$ + △m × 3.14 × $\frac{1}{2}$

= （○m + □m + △m）× 3.14 × $\frac{1}{2}$

问题 3

哪条边更长？

（1）下图中，①和②的粗线的长度分别是多少？

①
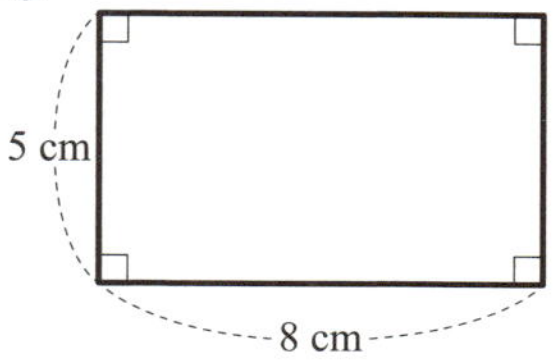

②
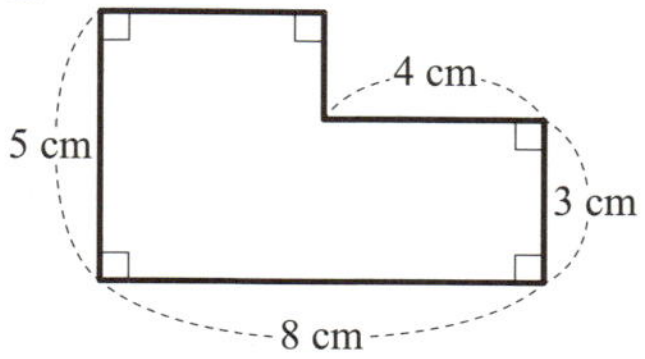

（2）下图中，①是边长为 10 cm 的等边三角形横向重叠排列而成的图形，②是一个边长为 35 cm 的等边三角形。问①和②中粗线的长度相差多少？如果没有差别请回答“0 cm”。

①
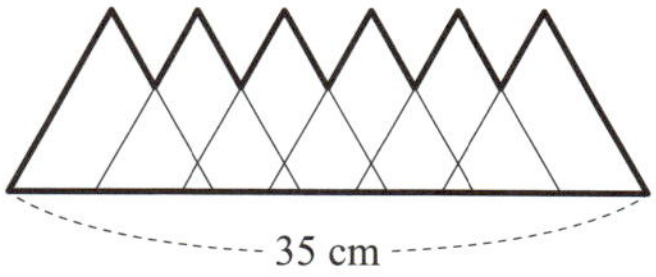

②
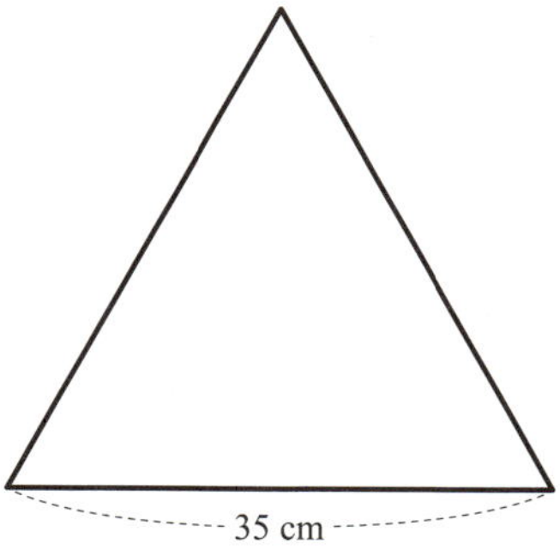

回答：

（1）答案：① 26 cm ② 26 cm

长方形的周长＝（长＋宽）×2

① (5 cm+8 cm)×2 ＝ 26 cm

② 5 cm+8 cm+3 cm+4 cm+(5 cm−3 cm)+(8 cm−4 cm) ＝ 26 cm

点拨

如下图所示，如果将②的部分线段（红线部分）推向外侧，可以将其变形为长方形。

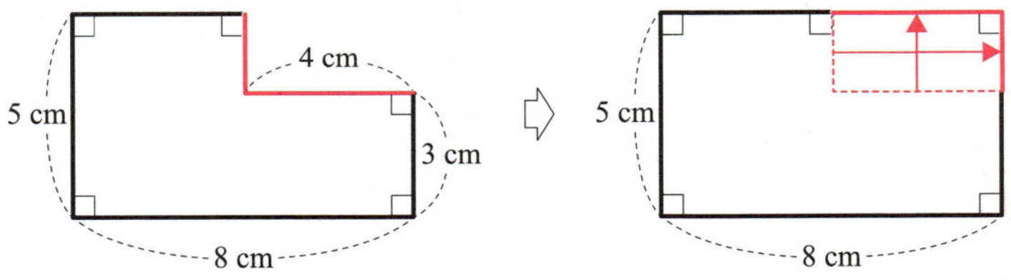

（2）答案：0 cm

如下图所示，移动①的部分线段，得出其周长与②的相等。

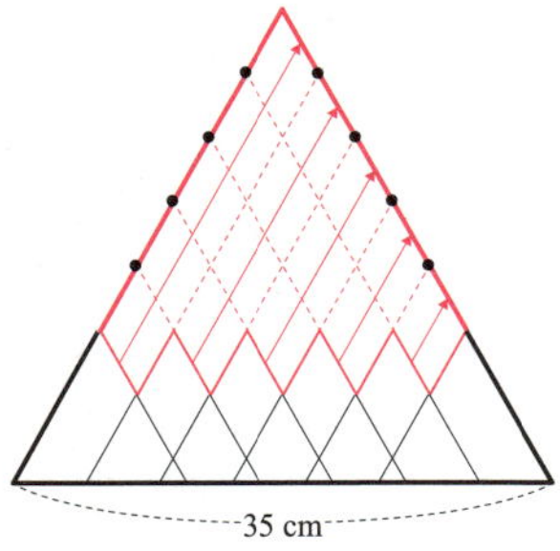

问题 4

操场有多大？

（1）某地图上 100 cm^2 的樱桃公园的实际占地面积是 5 km^2。问该地图上 10 cm^2 的菠萝公园的实际占地面积是多少平方千米？

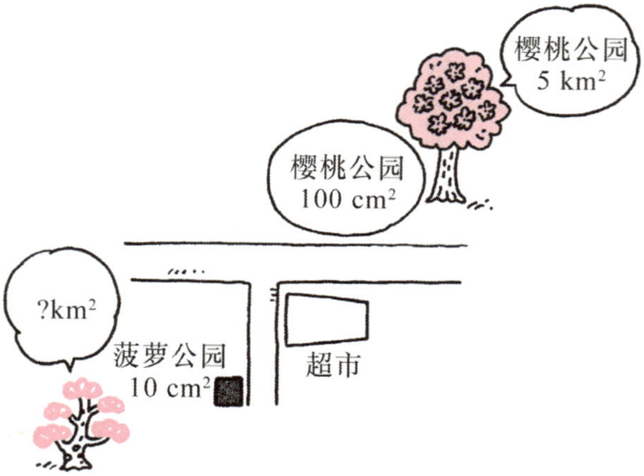

（2）某地图上一条 10 cm 长的道路的实际长度是 5 km。问该地图上 10 cm^2 的桃子公园的实际占地面积是多少平方千米？

回答：

答案与解析 ▸ 问题4

（1）答案：$0.5\ km^2$

$$5\ km^2 \times \frac{10\ cm^2}{100\ cm^2} = 0.5\ km^2$$

点拨

地图上的面积缩小为原来的$\frac{1}{10}$，实际面积也会缩小为原来的$\frac{1}{10}$。

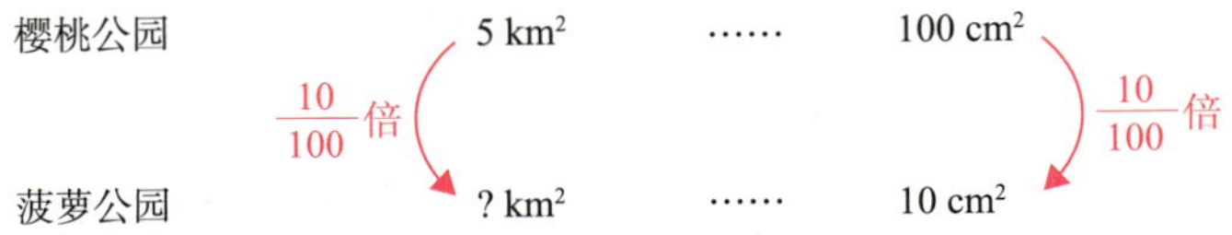

（2）答案：$2.5\ km^2$

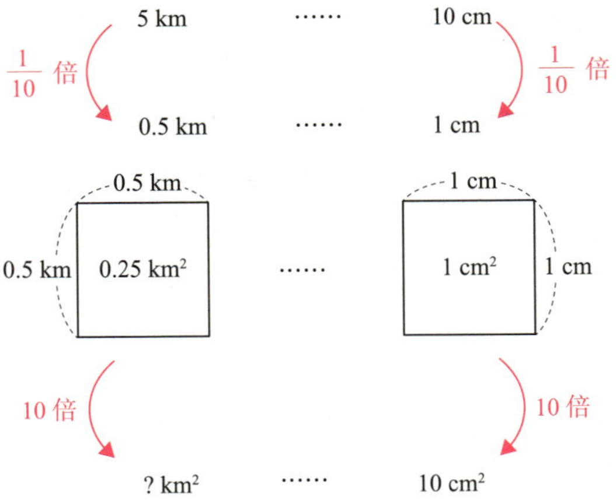

【其他解法】

比例尺为 $\frac{1}{50000}$，因此

$$10\ cm^2 \times 50000 \times 50000 \div (100000 \times 100000) = 2.5\ km^2$$

问题 5

角的度数之和是多少？

（1）下图①和②中带标记的角的度数之和分别是多少？（虚线图形是正五边形。）

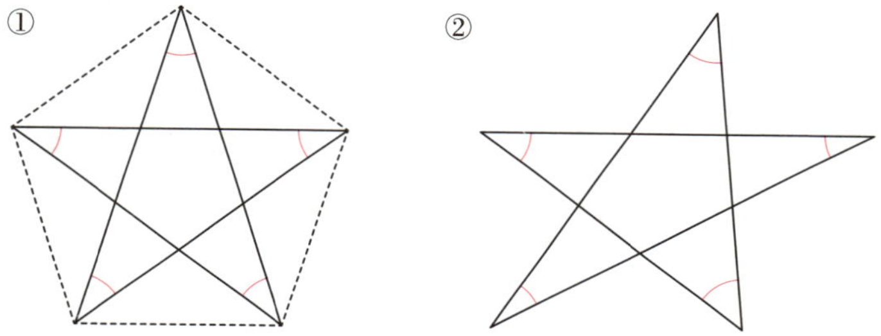

（2）下图中，带标记的角的度数之和是多少？（图中的 6 个等大的四边形都是正方形。）

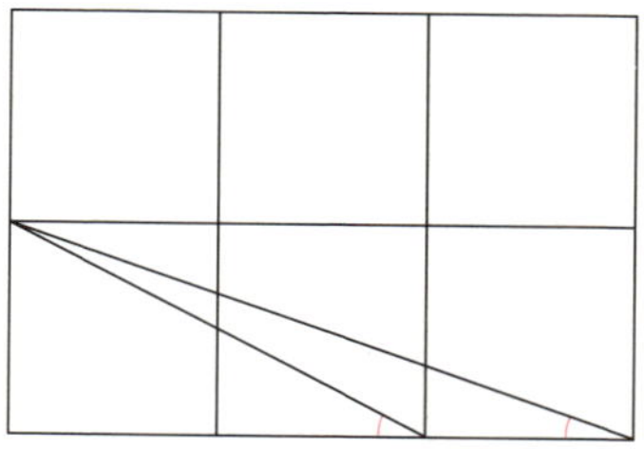

回答：

答案与解析 ▶ 问题5

（1）答案：① 180° ② 180°

①中正五边形的一个外角是：

$$360° \div 5=72°$$

那么，•角的度数是：

$$72° \div 2=36°$$

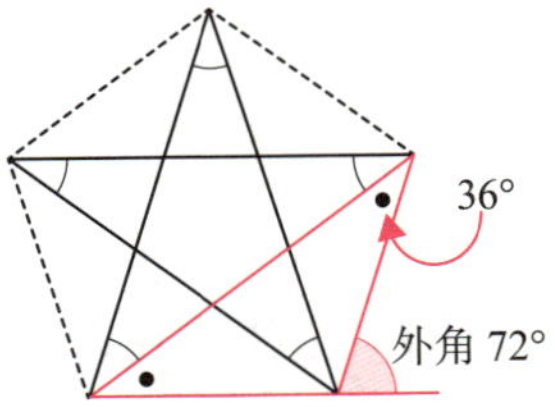

于是，所有带标记的角的度数都是：

$$(180°-72°)-36° \times 2=36°$$

五个角加起来就是：

$$36° \times 5=180°$$

由三角形外角定理可知，②中带标记的两个角的度数之和与下图中的•角或◦角的度数相同。

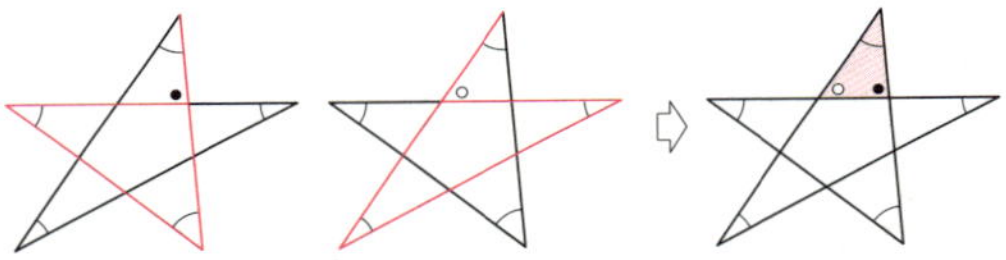

点拨

三角形外角定理：三角形的一个外角等于两个不相邻的内角之和。

（2）答案：45°

左下图中的 3 个彩色三角形是全等的直角三角形。

$$• + \times =90°$$

右下图中的彩色三角形是一个等腰直角三角形，那么，带标记的两个角的度数之和是：

$$90°-45°=45°$$

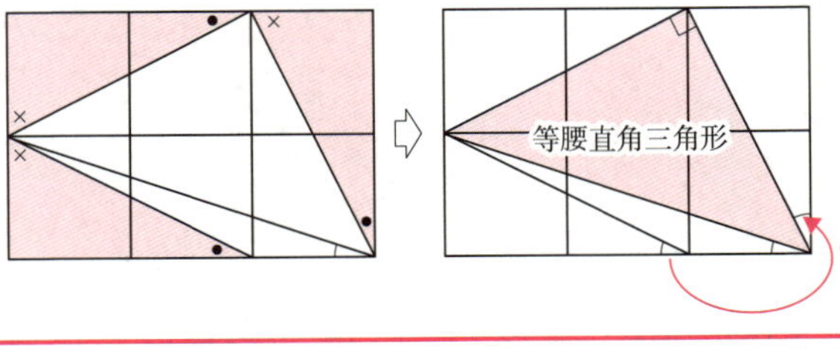

问题 6

飞镖形四边形的角的度数是多少？

下图①和②中带标记的角的度数分别是多少？

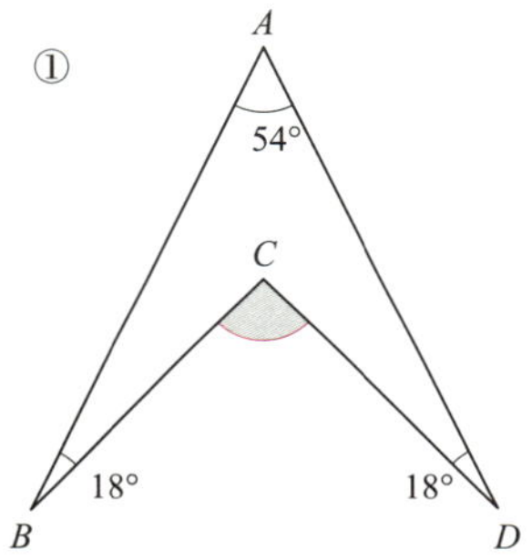

$AB=AD$，$CB=CD$

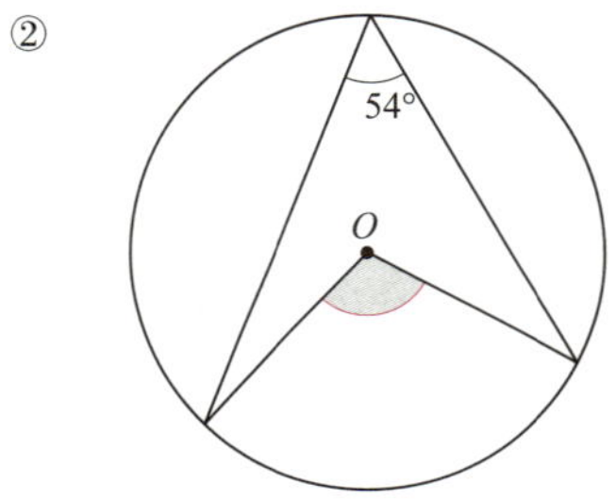

O 是圆心

回答：

答案：① 90°　② 108°

① 画上辅助线，即可利用三角形的外角定理。

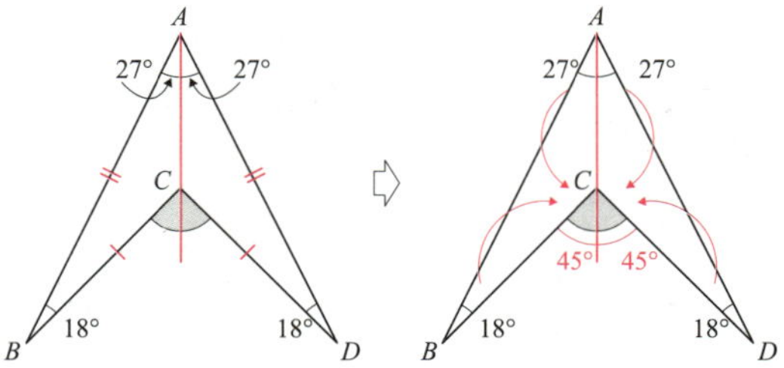

② 画上辅助线（圆的半径），形成等腰三角形（图①）。再画一条辅助线，即可利用三角形外角定理算出答案（图②）。

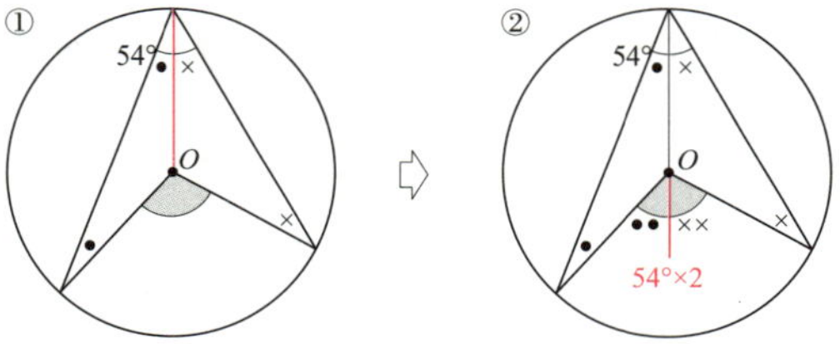

点拨

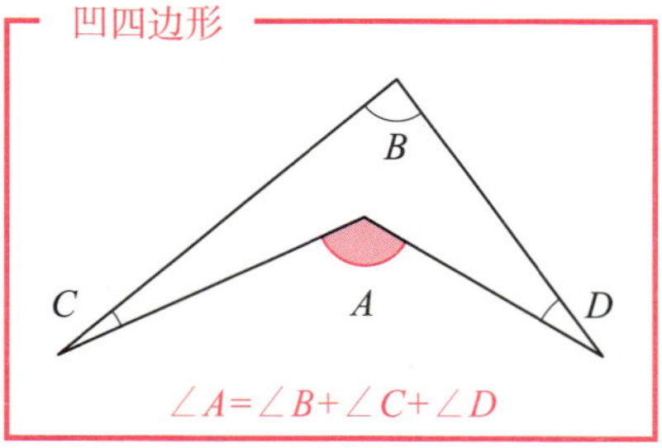

问题 7

分割成同样的形状！

下图①和②中的图形是正三角形和正六边形。问正六边形的面积分别是正三角形的几倍？

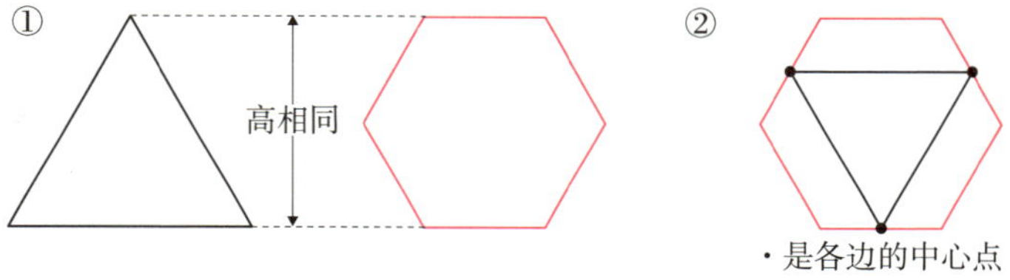

回答：

答案与解析 ▶ 问题 7

答案：① $1\frac{1}{2}$倍（$\frac{3}{2}$倍） ② $2\frac{2}{3}$倍（$\frac{8}{3}$倍）

① 将图形分割成相同的等边三角形。

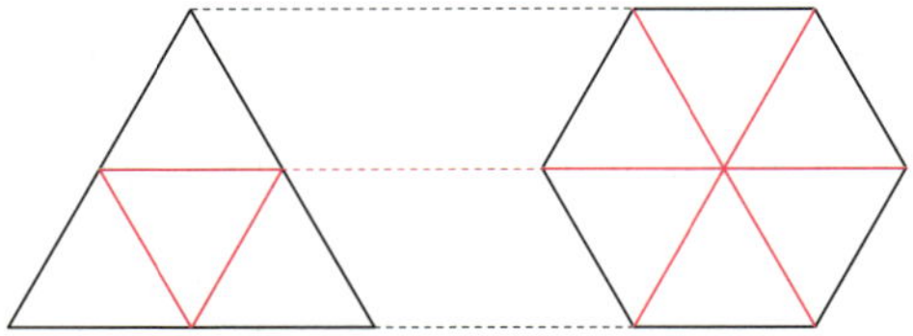

$$6\text{个} \div 4\text{个} = \frac{3}{2} = 1\frac{1}{2}$$

② 将图形分割成相同的等边三角形。

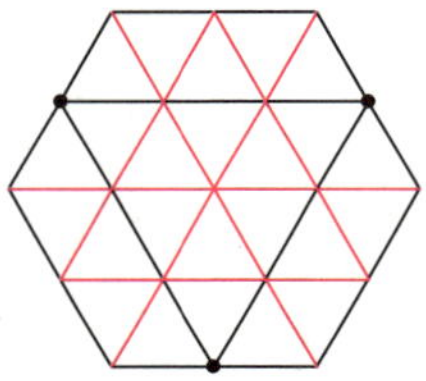

$$24\text{个} \div 9\text{个} = \frac{8}{3} = 2\frac{2}{3}$$

点拨

即使是没有求积公式的图形，也可以利用平均分割求出倍数。

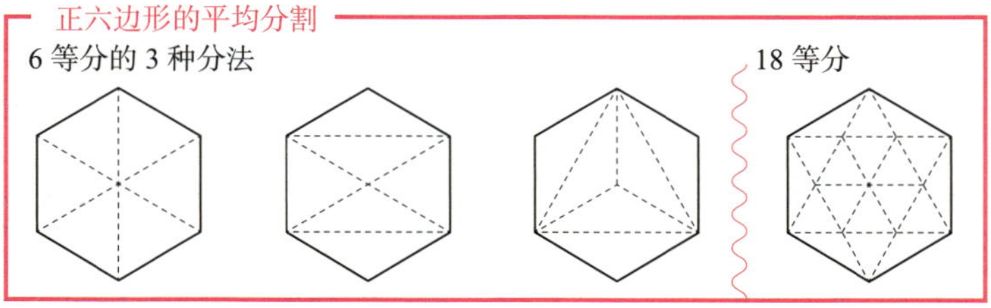

问题 8

找出相同的形状，相同的长度！

（1）下图中有边长为 12 cm 的正方形和半径是 6 cm 的圆以及圆弧。问阴影部分的面积之和是多少平方厘米？（π 取 3.14）

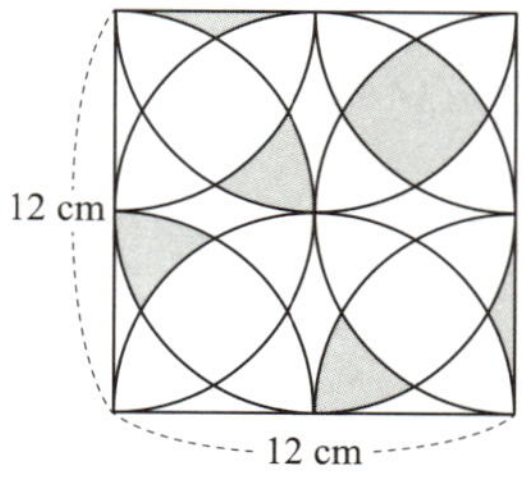

（2）下图为边长未知的正方形，所有带标记的角的度数都是 45°。问阴影部分的面积是多少平方厘米？

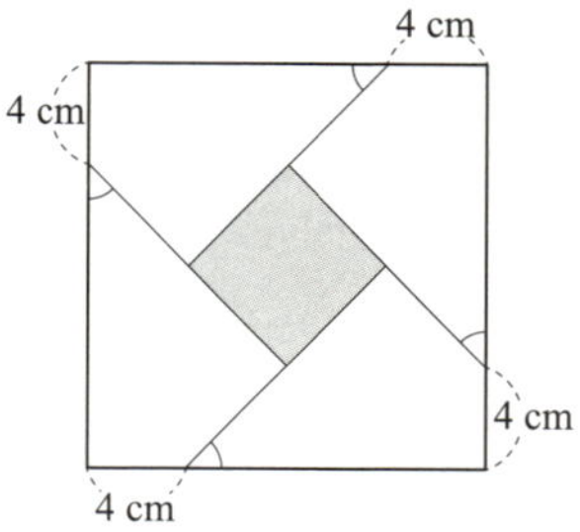

回答：

（1）答案：28.26 cm^2

如下图所示，移动部分阴影后形成圆心角角度为 90° 的扇形。

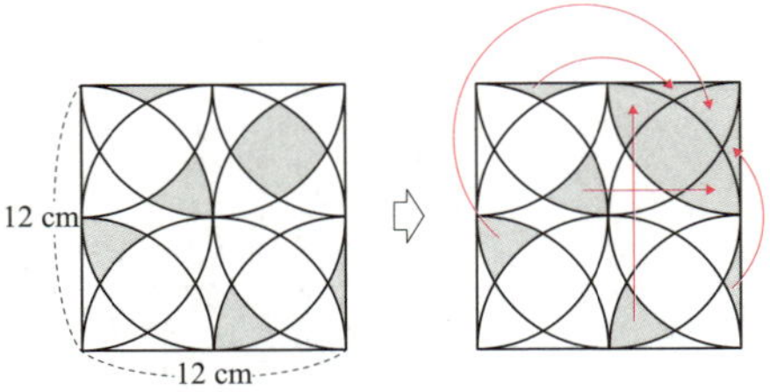

点拨

寻找面积相同的图形，并移动它们的位置，这就是“等面积移动”。

（2）答案：32 cm^2

如下图所示，阴影部分是由 4 个等腰直角三角形合成的图形（对角线为 8 cm 的正方形）。

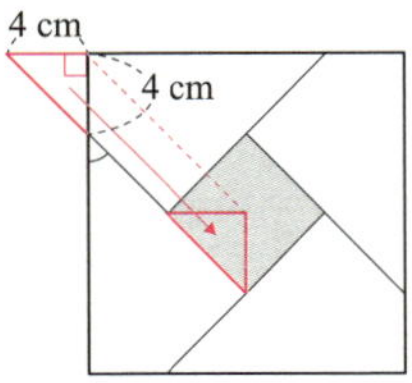

$$8\ cm \times 8\ cm \times \frac{1}{2} = 32\ cm^2$$

点拨

当问题中出现“45° 角”这一条件时，即可尝试找出或做出一个等腰直角三角形。

问题 9

头晕眼花！

（1）如下图所示，沿箭头方向将圆盘从 A 点滚动到 B 点。请从以下 a—d 中选出圆盘移动到 B 点时的状态。（π 取 3.14 ）

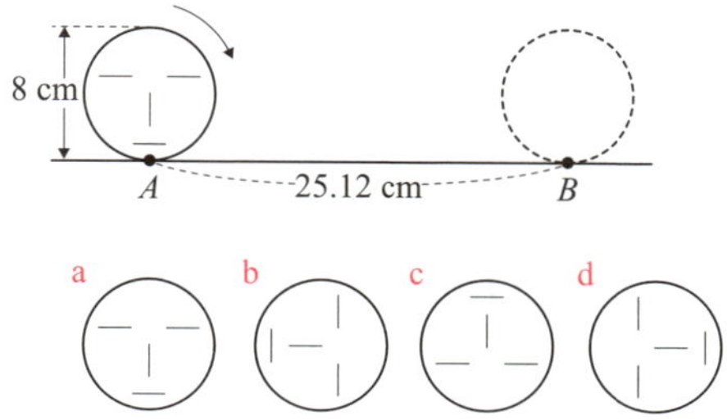

（2）如下图所示，沿圆 O 的圆周，按箭头方向将圆盘从 A 点滚动到 B 点。当圆盘移动到 B 点时，将处于怎样的状态？请从上面的 a—d 中做出选择。此外，此时圆盘转了多少圈？（π 取 3.14 ）

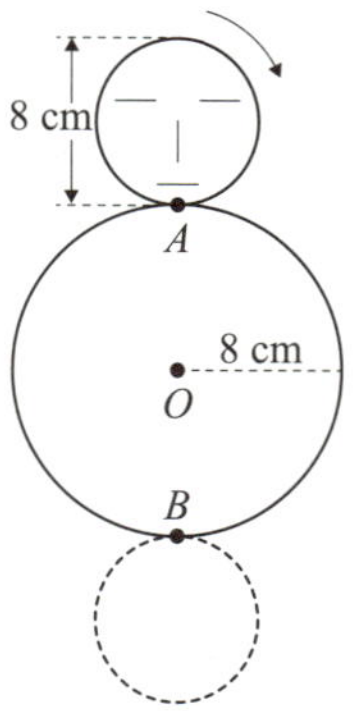

回答：

（1）答案：a

由 8 cm × 3.14 × □ =25.12 cm，□ =1 可知，圆盘的周长与 *A* 点到 *B* 点的直线距离相等，所以答案是 a。

（2）答案：c，$1\frac{1}{2}$圈

由 8 cm × 3.14 × □ =16 cm × 3.14 × $\frac{1}{2}$，□ =1 可知，圆盘的周长和 *A* 点到 *B* 点的弧线距离相等。如下图所示，直线上的运动距离相当于从 *A* 点到 *B* 点弧线的距离，所以答案是 c。此时圆盘转了

$$1+\frac{1}{2}=1\frac{1}{2}\text{（圈）}$$

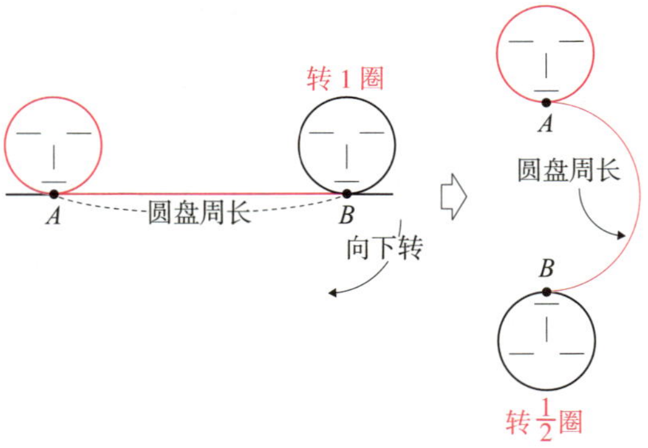

点拨

圆盘滚动的圈数等于直线滚动的圈数（自转）与曲线滚动的圈数（公转）之和。

问题 10

最终弹到什么地方？

从 A 角射出的球，碰到的如果是长方形的边，会继续反弹；碰到长方形的角，就会停在角上。如下图所示，从 A 角以 45° 的角度射出的球，5 次碰撞长方形的边并反弹后，最终停留在 D 角。

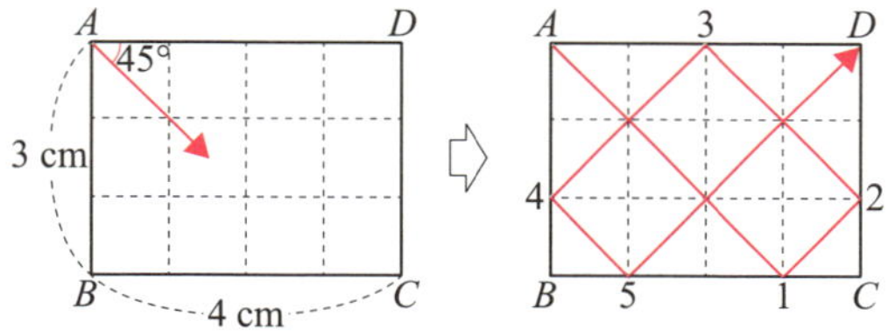

同样，在下图中，从 A 角射出的球，撞上 BC 边上的 E 点之后反弹，问包括 E 点，球会反弹几次？最终会在哪个角上停下来？条件是，反弹前后的角度相同，如下右图所示。

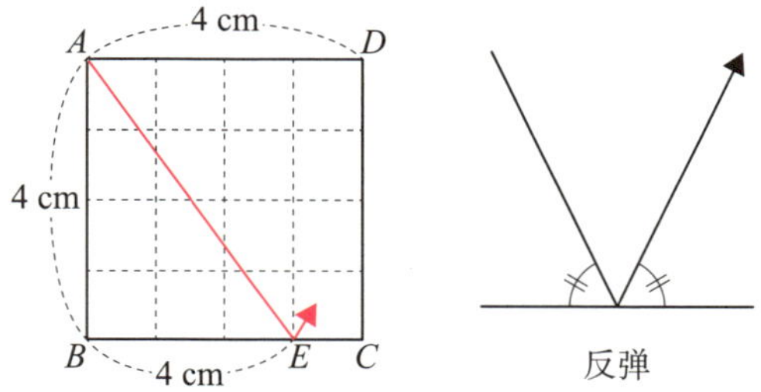

回答：

答案与解析 ▸ 问题10

答案：5次，D角

首先，可以通过不断地画反弹图寻找答案，但是如果反弹次数太多，那么就很难画清楚。如果画成如下图所示的“将反弹后的线条摊开来画在另一侧”，加之运动不重叠，那么绘制起来就会变得容易点。

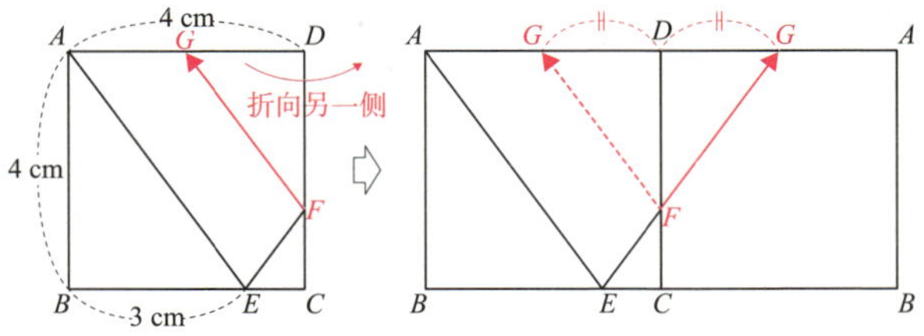

碰到点 G 之后也用同样的方式画图，得出最终的落点在 D 角上。

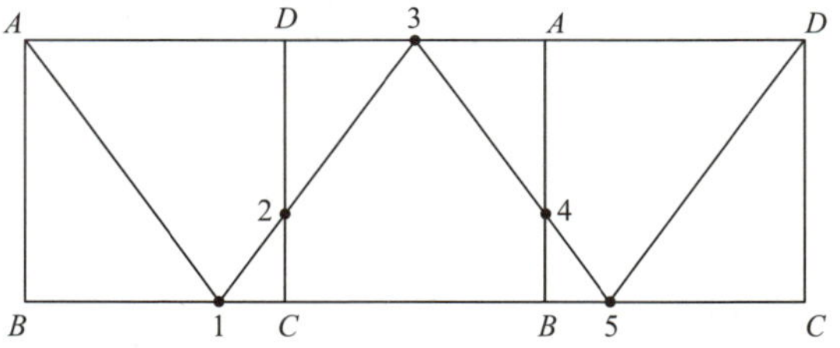

点拨

通过将图形轴对称展开，可以轻松解决反弹问题（反射问题）。

问题 11

一共是多少平方厘米？

下图中有正方形 *ABCD* 和正方形 *EFGH*，前者正好与半径为 10 cm 的圆相切，后者则为前者逆时针旋转 45° 形成。问图中阴影部分的面积之和是多少平方厘米？（π 取 3.14）

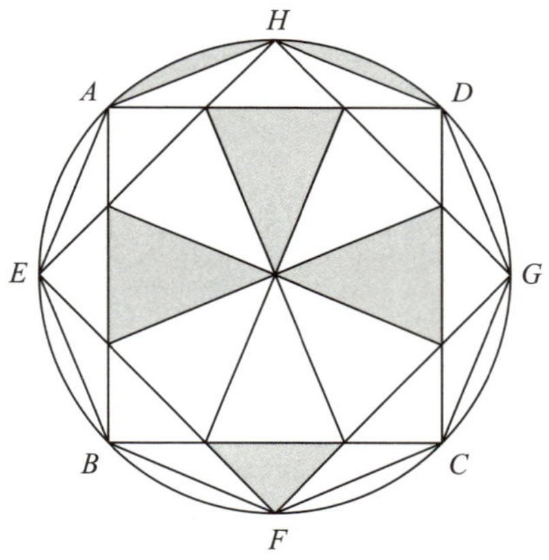

回答：

答案：78.5 cm²

如下图所示，将阴影部分的图形移动到相同图形的位置上。

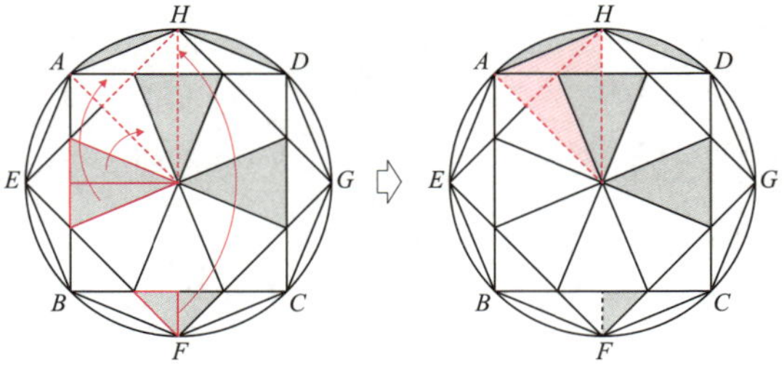

右侧也做同样处理，于是

$$10\ \text{cm} \times 10\ \text{cm} \times 3.14 \times \frac{1}{4} = 78.5\ \text{cm}^2$$

点拨

两边和它们的夹角分别相等的三角形全等。

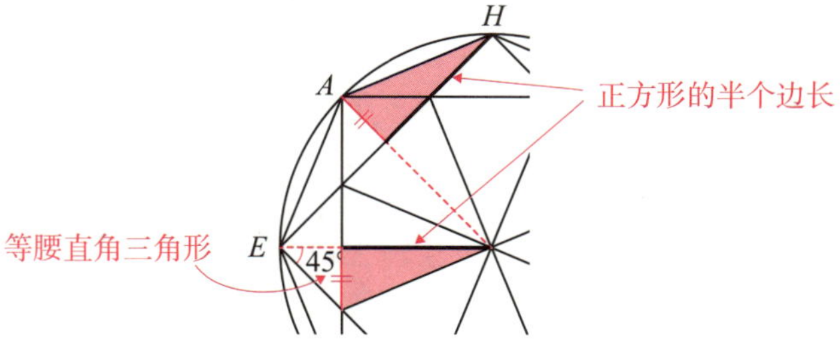

问题 12

台风经过的面积是多少?

（1）下图表示半径为 15 cm 的圆 P 沿半径为 15 cm 的圆 O，从 A 点移动到 B 点。问圆 P 经过的面积（阴影部分）是多少？（π 取 3.14）

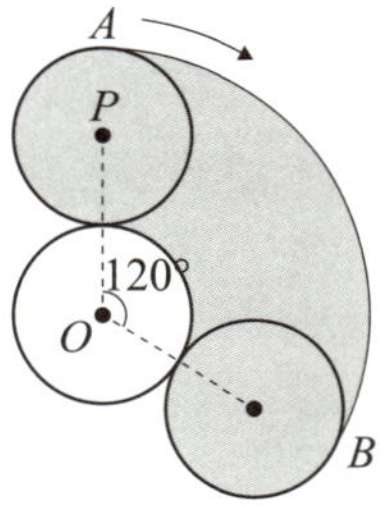

（2）下图表示半径为 500 km 的圆形台风中心从 A 点移动到 B 点。假设台风的大小和形状没有发生变化，问台风经过的面积是多少？（π 取 3.14）

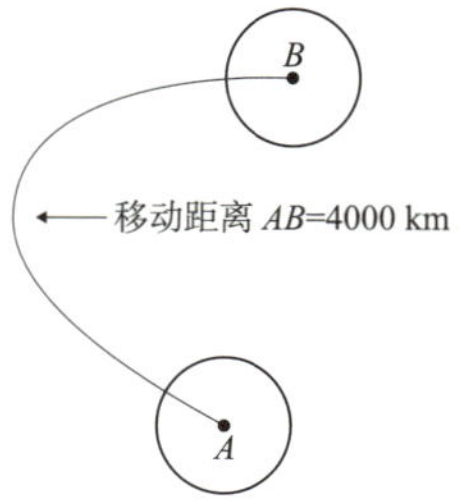

回答：

答案与解析 ▸ 问题12

（1）答案：$2590.5\ cm^2$

借助图来思考，如下图所示。

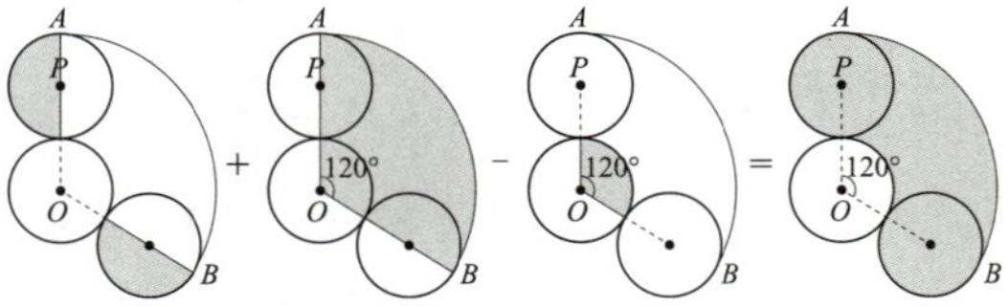

$$(15\ \text{cm})^2\times3.14+(45\ \text{cm})^2\times3.14\times\frac{1}{3}-(15\ \text{cm})^2\times3.14\times\frac{1}{3}=2590.5\ \text{cm}^2$$

点拨

平移的情况下，可使用公式：环宽 × 中心线 = 经过的面积。

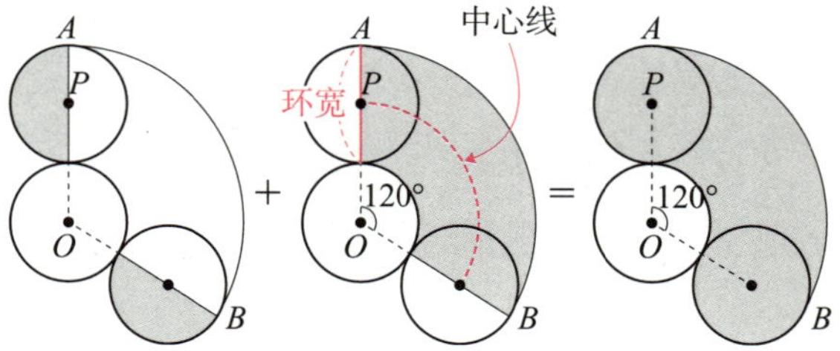

$$(15\ \text{cm})^2\times3.14+30\ \text{cm}\times(60\ \text{cm}\times3.14\times\frac{1}{3})=2590.5\ \text{cm}^2$$

（2）答案：$4785000\ km^2$

$$(500\ \text{km})^2\times3.14+1000\ \text{km}\times4000\ \text{km}=4785000\ \text{km}^2$$

问题 13

会有几个孔？

（1）如下图所示，依次折叠正方形 *ABCD*，最后剪掉阴影部分。随即展开折纸，问纸上会有几个孔？

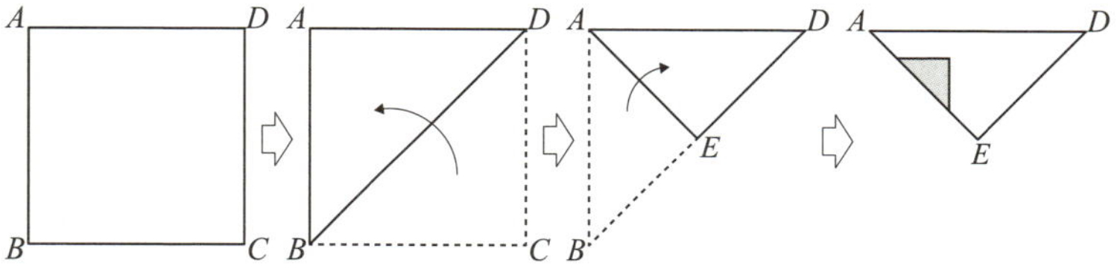

（2）如下图所示，依次折叠正六边形 *ABCDEF*，剪掉阴影部分后，剩下一个小的正六边形。对这个正六边形再重复一遍前面的程序后，把折纸展开，问折纸的面积与原正六边形 *ABCDEF* 的面积比是多少？请用分数作答。

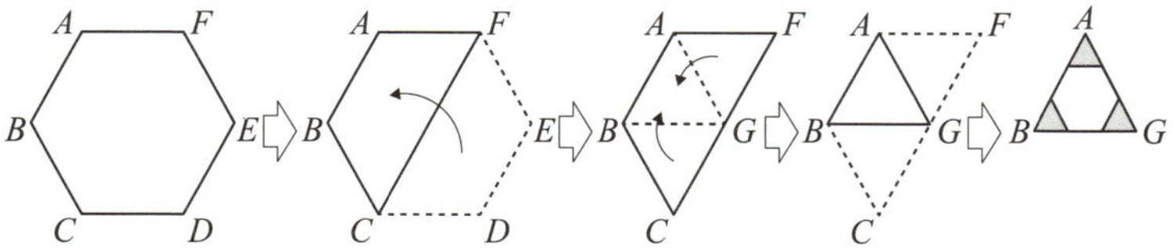

回答：

（1）答案：2 个

逆向思维，展开折纸。

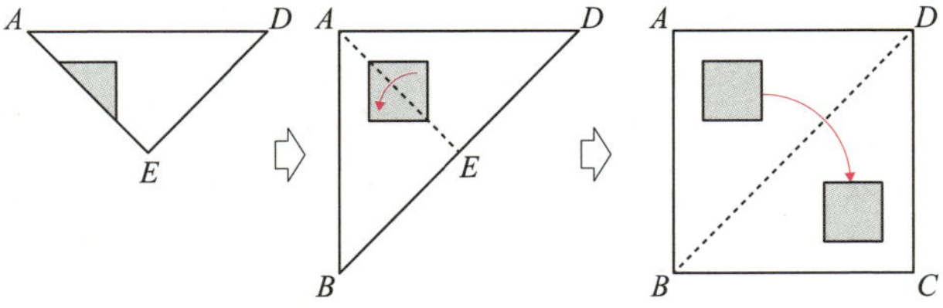

点拨

做折纸问题时，要善于逆向思考，画出折叠前的图形。

（2）答案：$\frac{4}{9}$

先看看第一轮后还剩下多少。

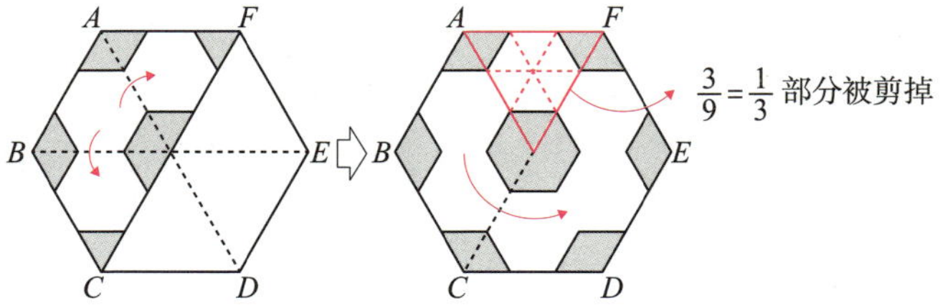

第一轮后剩下$\frac{2}{3}$，第二轮后剩下

$$\frac{2}{3}\times\frac{2}{3}=\frac{4}{9}$$

点拨

利用图形的对称性。

休息区

趣味数学 1　火柴棍游戏

用 9 根火柴棍演示从对角线方向看到的一个立方体盒子。请在此基础上添加一根火柴，以让这个盒子显得没有盒盖。

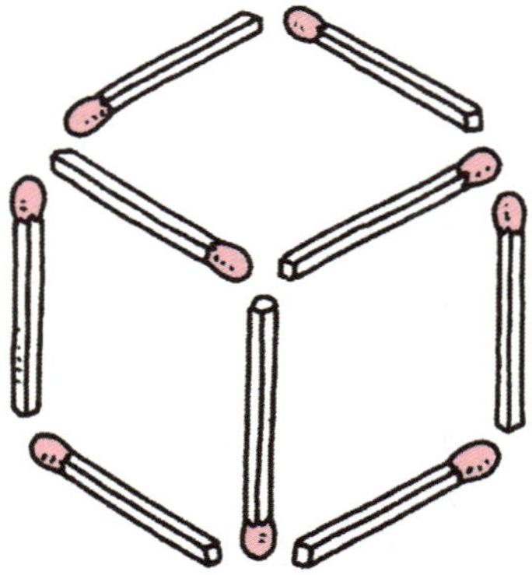

回答：

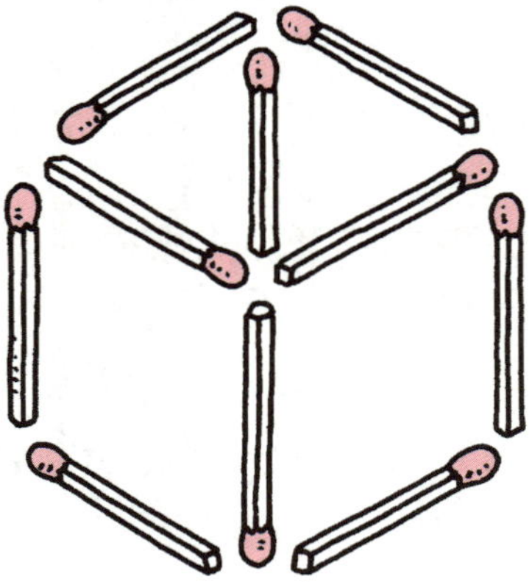

问题 14

哪些能组合成盒子?

请从 A—H 中选出立方体的展开图。

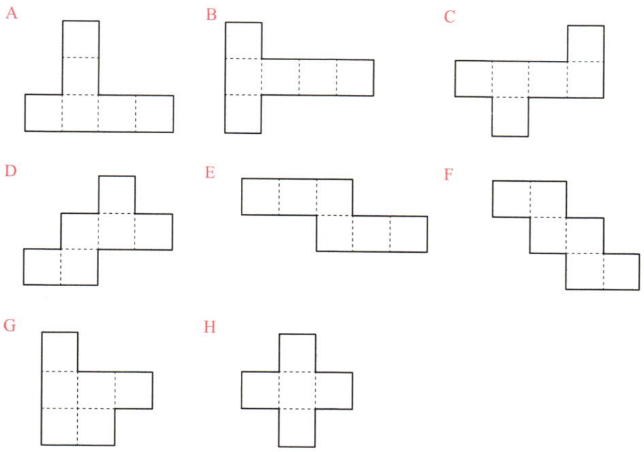

回答：

答案：BCDEF

A：改变面的位置就会出现“田字形”。“田字形”部分是不能折叠的。

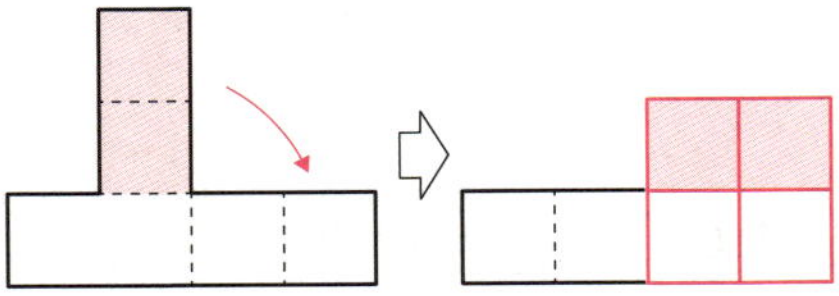

G：有“田字形”部分。

H：立方体应由 6 个正方形面组成。

点拨

立方体的展开图共有以下 11 种类型（除去翻转或旋转后相同的图形），只需记住“141”“132”“33”“222”即可。

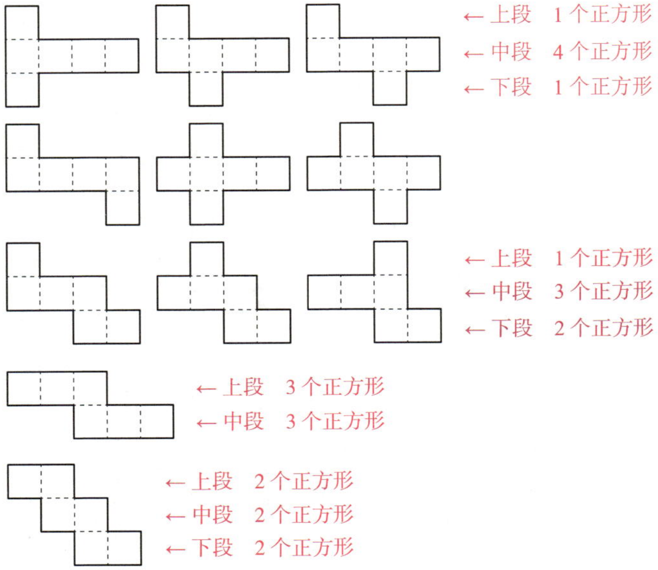

问题 15

让高度相同！

（1）有一个底面积为 100 cm^2，高 20 cm 的容器 A 和一个底面积为 50 cm^2，高 20 cm 的容器 B。A、B 容器里均装有水，容器 A 中的水深是 10 cm，容器 B 中的水深是 16 cm。把容器 B 中的水倒一些到容器 A 中，使得两个容器的水面高度相同，问这个相同的水深是多少？

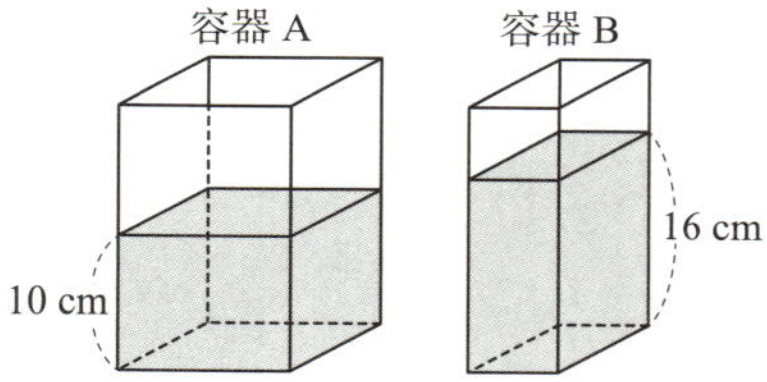

（2）有一个底面积为 100 cm^2，高 20 cm 的容器 A 和一个底面积为 50 cm^2，高 20 cm 的容器 B。A、B 容器里均装有水，容器 A 中的水深是 8 cm，容器 B 中的水深是 17 cm。把容器 B 中的水倒一些到容器 A 中，使两个容器的水面高度相同，问需从容器 B 向容器 A 倒多少体积的水？

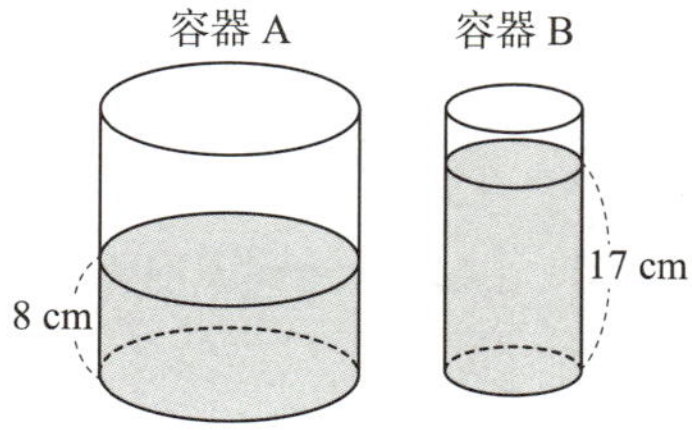

回答：

（1）答案：12 cm

将两个容器粘在一起，问题的条件不会发生变化。

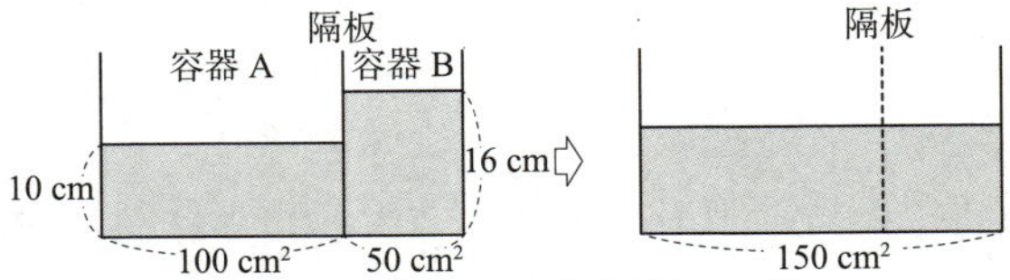

抽掉隔板，两边的水深就会一样

根据上图可做如下计算：

$$(100\ \text{cm}^2 \times 10\ \text{cm} + 50\ \text{cm}^2 \times 16\ \text{cm}) \div (100\ \text{cm}^2 + 50\ \text{cm}^2) = 12\ \text{cm}$$

点拨

水量之和 ÷ 底面积之和 = 水深。

（2）答案：$300\ \text{cm}^3$

如下图，由于水 a 的体积等于水 b 的体积，所以水 a 和水 b 的底面积之比与高度之比互为倒数。

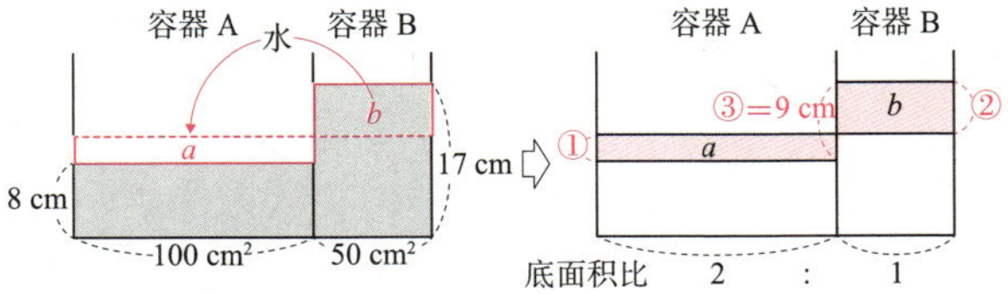

①*=3 cm

$$100\ \text{cm}^2 \times 3\ \text{cm} = 300\ \text{cm}^3$$

点拨

在转移容器中的水以使水深相同的问题上，要注意区分使用公式法（水量之和 ÷ 底面积之和 = 水深）和面积图法。

* ①②③分别表示 1 份、2 份、3 份的意思。

问题 16

哪一个的表面积更大？

下图 A 是一个边长为 10 m 的立方体，B 是从边长为 10 m 的立方体中切掉一个边长未知的小立方体的多面体。在这两个立体图形的表面刷油漆，每平方米上刷 1 dL。问 A 和 B 哪一个需要的油漆更多？或者是否两者需要的油漆量相同？

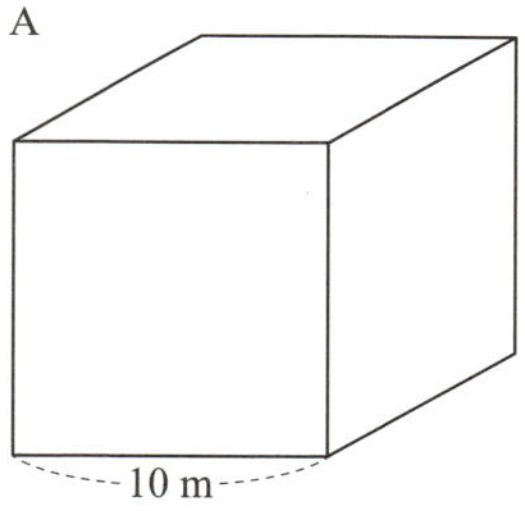

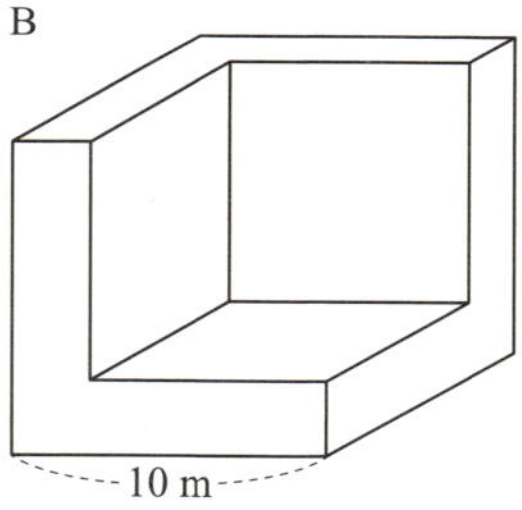

回答：

答案：需要的油漆量相同

如下图所示，移动多面体 B 的 3 个阴影面，正好与立方体 A 的外立面吻合，由此可知二者的表面积相同。

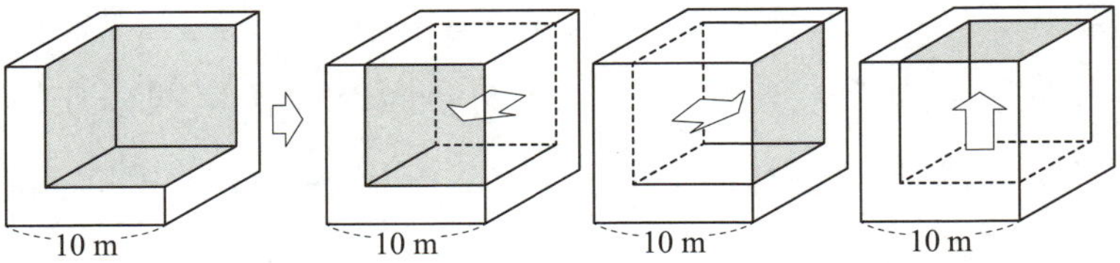

点拨

这跟用热水将凹陷的乒乓球还原是一个道理。

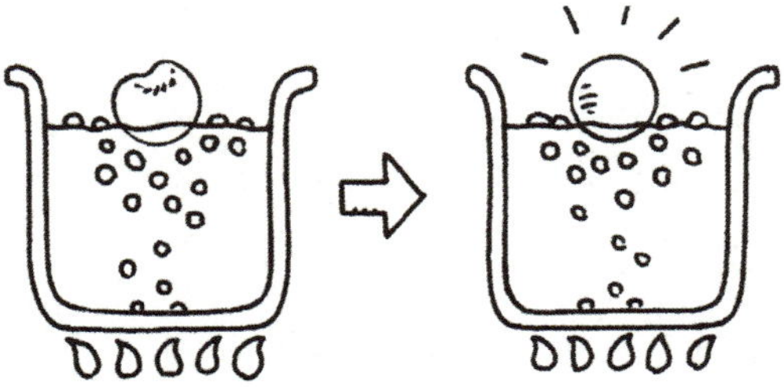

问题 17

增加了几个面？

用 27 个边长为 1 cm 的立方体堆积成一个大立方体。然后，如下图所示，挖空①中的阴影部分，得到②所示的立体图形，问该立体图形的表面积是多少？

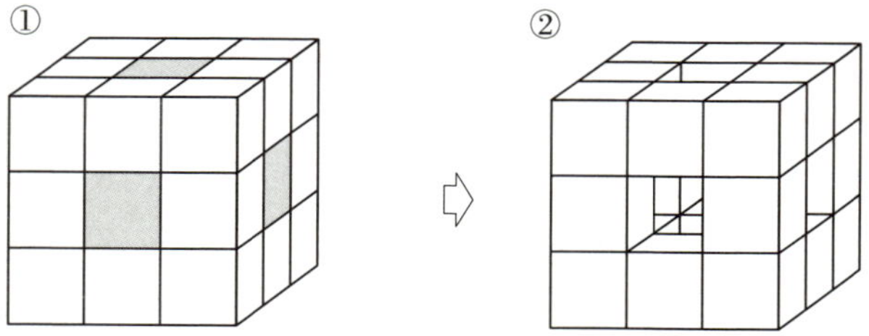

回答：

答案：72 cm²

$3\ cm \times 3\ cm \times 6 = 54\ cm^2$……………原立方体的表面积

$1\ cm \times 1\ cm \times 6 = 6\ cm^2$…………因挖空而减少的表面积

$1\ cm \times 1\ cm \times 4 \times 6 = 24\ cm^2$……因挖空而增加的表面积

$$54\ cm^2 - 6\ cm^2 + 24\ cm^2 = 72\ cm^2$$

点拨

挖空立方体这类涉及“看不见的部分”的问题的解题关键是“想办法看得见”。也就是用示意图（③）表示被挖空的立体图形，使其能够看得见。

③ 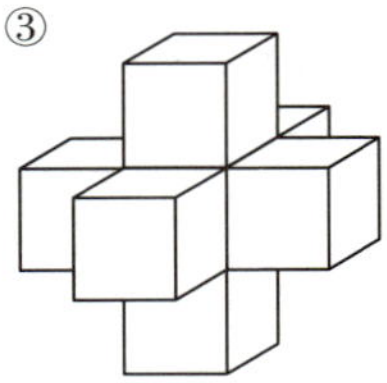
④ 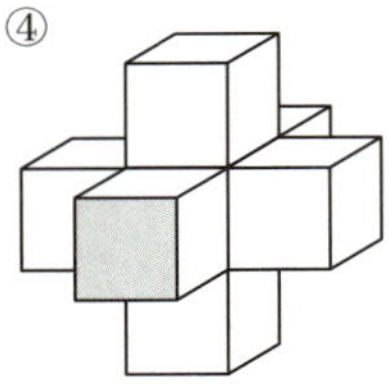
⑤ 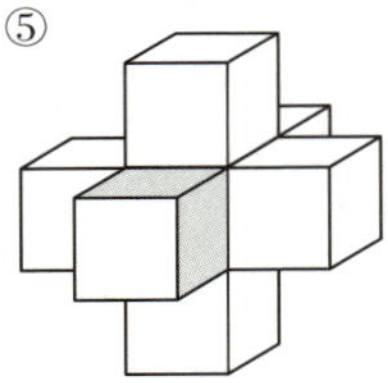

③中，一共有

5 面 ×6=30 面

其中被挖空消失的面（④）是

1 面 ×6=6 面

因挖空新增加的面（⑤）是

4 面 ×6=24 面

【其他解法】

$$(8\ cm^2 + 4\ cm^2) \times 6 = 72\ cm^2$$

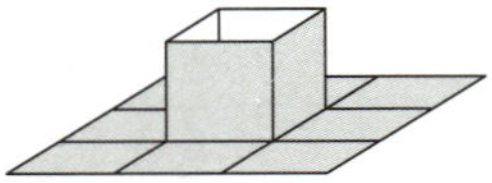
×6

问题 18

哪个正确？

①是圆柱体的展开图和示意图。以此为参考，从 A—D 中选出②的展开图。

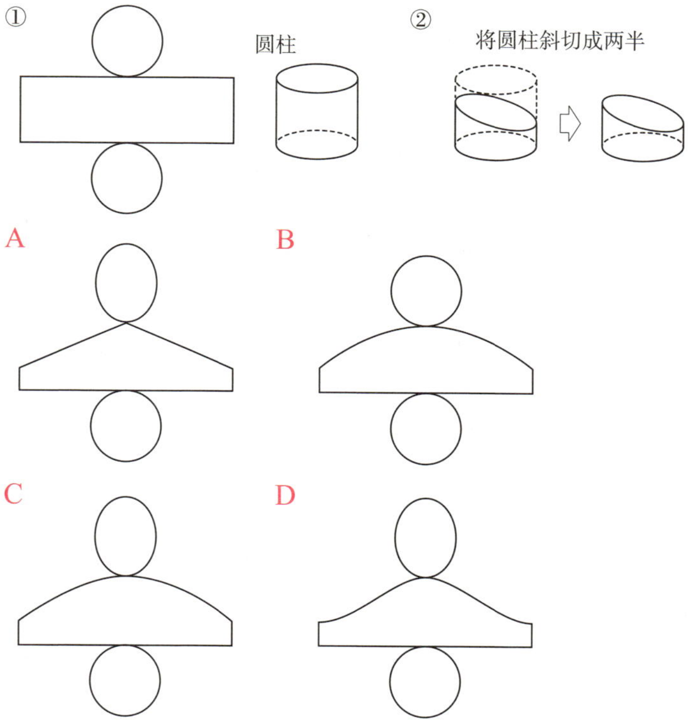

回答：

答案：D

B 的上表面是一个圆，可以判断它不是②的展开图。

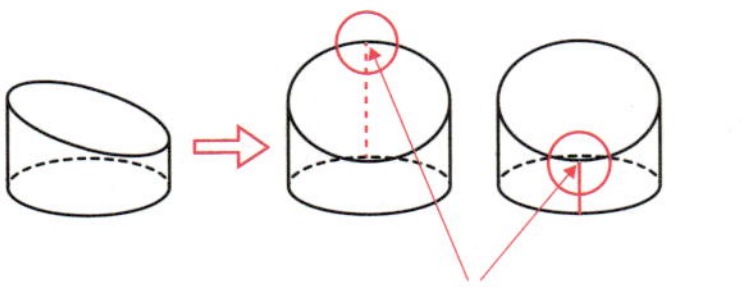

A 和 C 的连接方式与②不符。

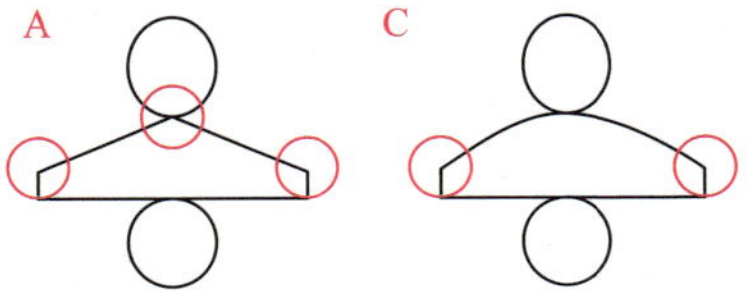

点拨

实际地展开来看看吧。

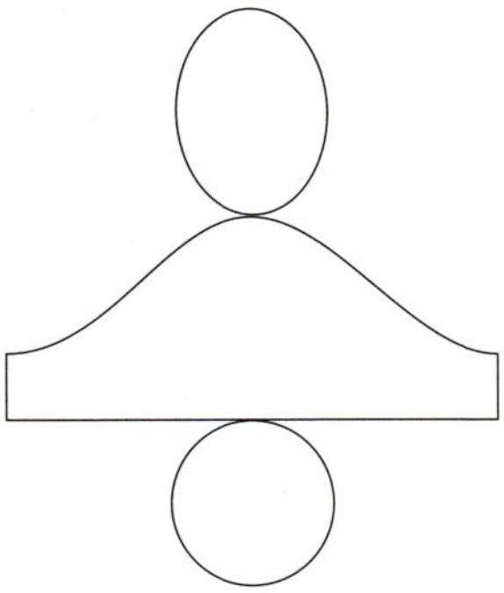

问题 19

没有刻度！

一个没有盖子的立方体水罐，把它如下图①—④般放在地板上，注满水。请按水罐里水量从多到少排序。（例，假如从多到少的顺序为①、②、③，③和④水量相同，则回答①＞②＞③＝④。锥体的容积是底面积、高度与其都相同的柱体容积的$\frac{1}{3}$。）

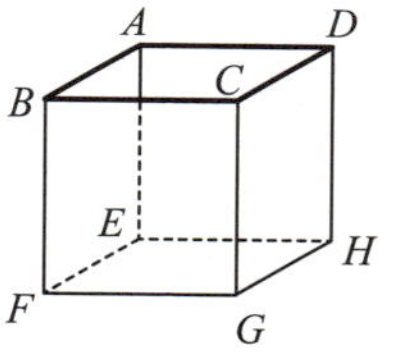

①

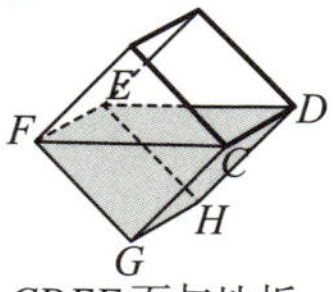

CDEF 面与地板平行，GH 边与地板相接

②

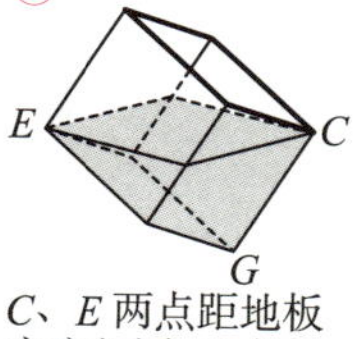

C、E 两点距地板高度相同，G 点与地板相接

③

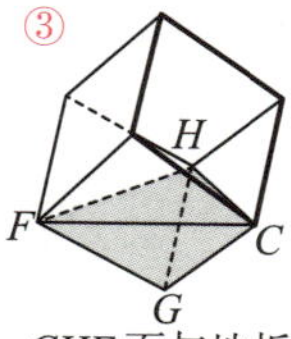

CHF 面与地板平行，G 点与地面相接

④

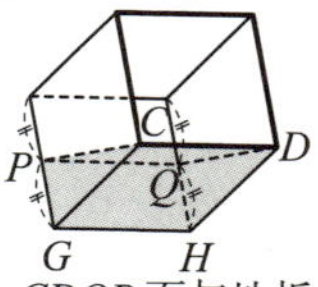

CDQP 面与地板平行，GH 边与地板相接

回答：

答案：①=②>④>③

① 底面 CFG 的面积是立方体底面的$\frac{1}{2}$，高 CD 和立方体的高相等，所以容积是立方体的$\frac{1}{2}$。

② C 和 E 是立方体上相对的顶点，因此立方体在水平面被分成两个全等的立体图形，故②的容积是立方体容积的$\frac{1}{2}$。

③ 三棱锥。底面 FGH 的面积是立方体底面的$\frac{1}{2}$，高 CG 与立方体的高相等，所以三棱锥容积是立方体的$\frac{1}{6}$。

④ 三棱柱底面 CPG 的面积是立方体底面的$\frac{1}{4}$，高 CD 与立方体的高相等，所以三棱柱容积是立方体的$\frac{1}{4}$。

点拨

柱体或椎体的容积可以通过公式“容积比＝底面积比 × 高比（棱锥再乘以$\frac{1}{3}$）”来进行比较。

问题 20

仔细观察图形！

下图 A—C 3 个长方体的宽度和高度是一样的，B 的长是 A 的 2 倍，C 的长是 A 的 3 倍。

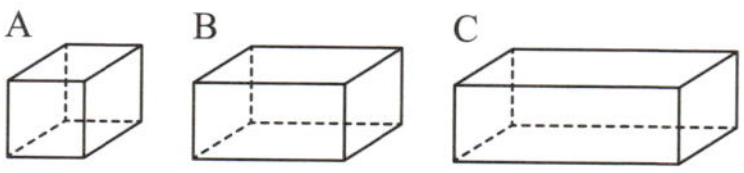

下图①～④是由 A~C 组合而成的几何体。

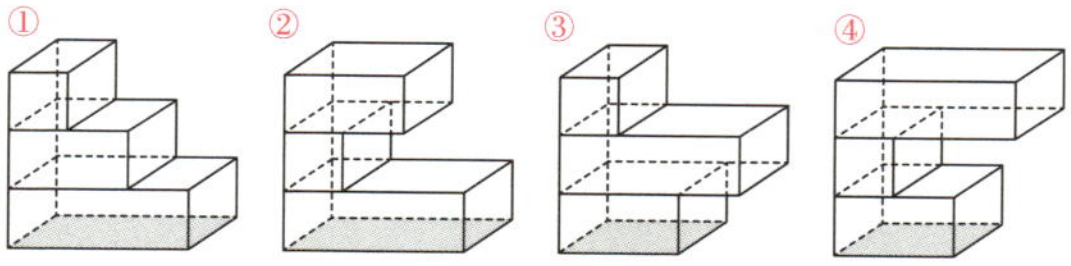

下图水槽的宽度与 A 相同，长度和高度都是 A 的 4 倍。将①—④分别放入水槽中，注意左侧面与水槽侧面紧贴，对准图中显示的阴影部分，固定好后注满水。水槽注水过程中的水深变化与时间的关系用坐标图表示。

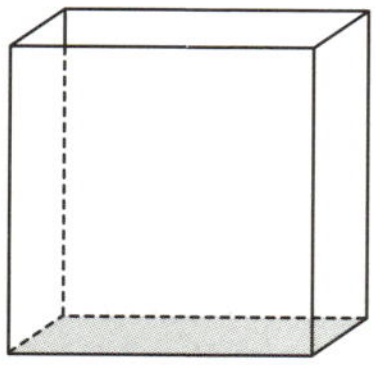
水槽

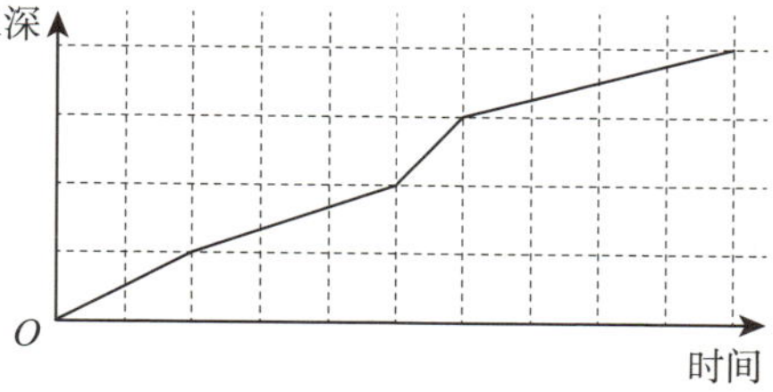

问上面这幅坐标图表示的是①—④中的哪一个几何体放入水槽注满水的坐标图？

回答：

答案：④

①—④ 4 个几何体的高是长方体 A 的 3 倍，那么，几何体以上部分全都是水。坐标图上显示，注满这一部分水共花了 4 个刻度的时间。由图可知，1 个刻度的时间是注满水下一个空档所需的时间。所以，最上面一层应该有 3 格的几何体，①—④中符合该条件的就是④。

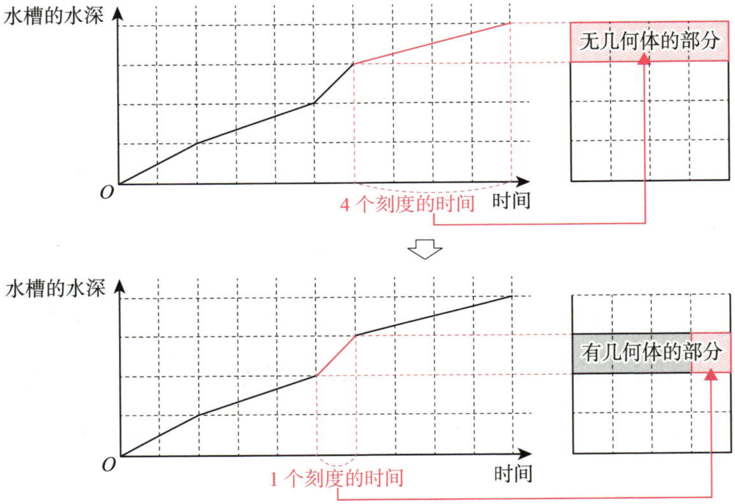

点拨

由于注水部分的底面积与所需时间存在比例关系，当底面面积发生变化的时候，坐标图上会出现拐点。

问题 21

有几个立方体？

有一个由多个边长为 1 cm 的立方体堆积成的几何体。

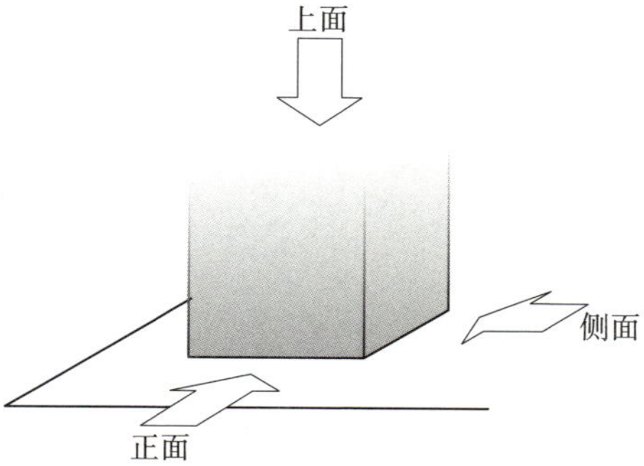

分别从正面、侧面和上面看这个几何体，视图如下。

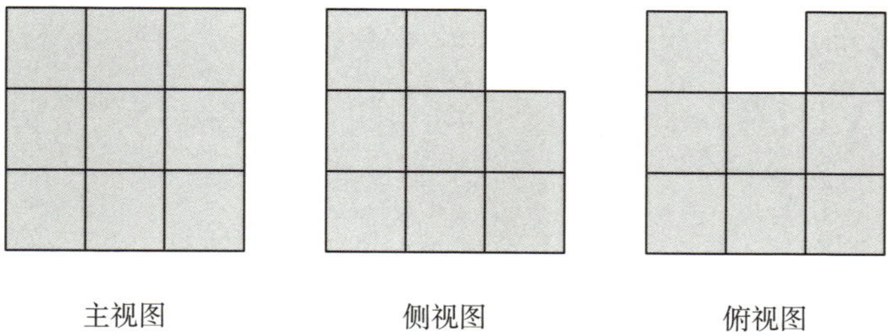

问至少要多少个立方体才能堆出这样的效果？

回答：

答案：15 个

在俯视图上，标出从正面和侧面看到的立方体的个数。如下图所示，将其视作两层、三层的楼房来考虑会更容易想象。

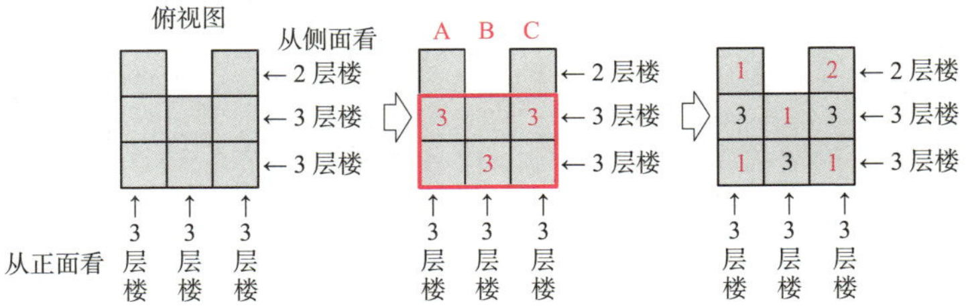

如中间这幅图所示，从正面看，A~C 的任何一列都是 3 层，所以每列至少需要 1 个 3 层楼。为了尽量不重叠，将数字标入除了从侧面看是 2 层楼以外的方框中。剩下的为尽量少的个数，如右上图所示，2 层楼的 1 个，剩下的都是 1 层楼的。（也有其他标记方法）

3（个）×3+2（个）×1+1（个）×4=15（个）

点拨

将立体图形用平面图表示，如三视图或展开图，就可以展示出隐藏的部分。在堆积木等问题中，使用俯视图会更简单。

问题 22

破壁穿墙！

在由 6 个边长为 1 cm 的立方体组成的立体图形（①）上，用铁丝从 *A* 点穿向 *B* 点（②），会在其中的 4 个立方体（③中的彩色立方体）上留下穿孔。

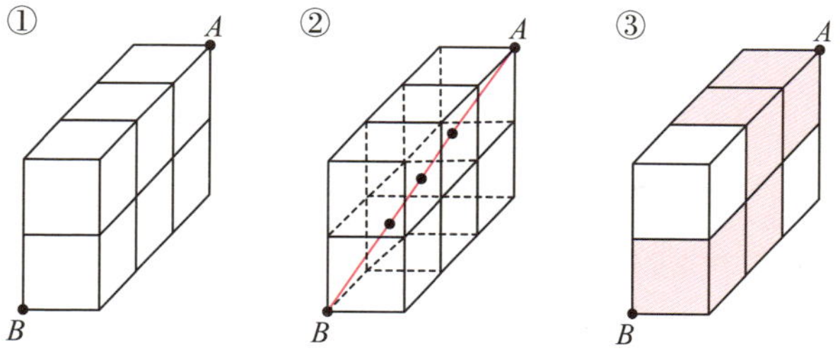

在由 72 个边长为 1 cm 的立方体组成的立体图形（④）上，同样从 *A* 点穿向 *B* 点，问会在多少个立方体上留下穿孔？

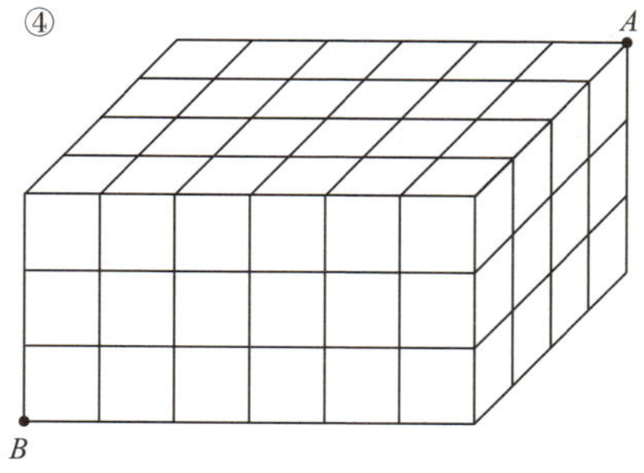

回答：

答案：8 个

下图显示的是④的俯视图和主视图。

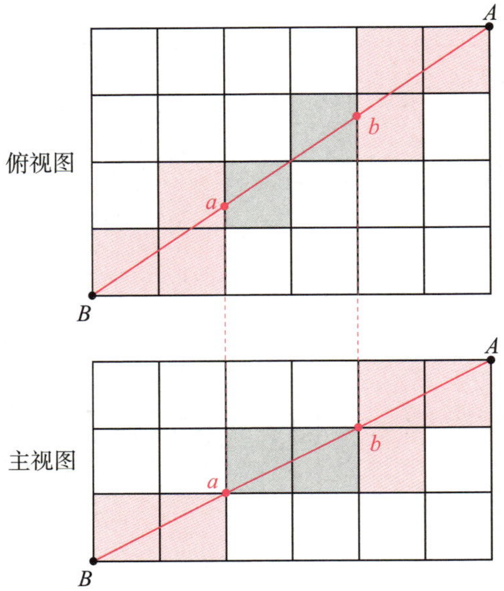

从主视图可以看出，铁丝是在 a 处从第 1 层进入第 2 层，在 b 处从第 2 层进入第 3 层的。

从俯视图可以看出，第 3 层有 3 个穿孔，第 2 层有 2 个穿孔，第 1 层有 3 个穿孔，所以答案是

3（个）+2（个）+3（个）=8（个）

点拨

解决穿孔问题，有一个常用公式：

长 + 宽 + 高 −（长与宽的最大公约数 + 长与高的最大公约数 + 宽与高的最大公约数）+ 长宽高的最大公约数 = 穿孔个数。

也可以用三视图来辅助思考。

问题 23

会组合成什么形状呢？

下面的展开图是由 4 个上底 6 cm、下底 12 cm、高 8 cm 的梯形，2 个直角边长 8 cm 的等腰直角三角形和两个边长为 10 cm 的等边三角形组成的。请画出这个展开图组合后的立体图。

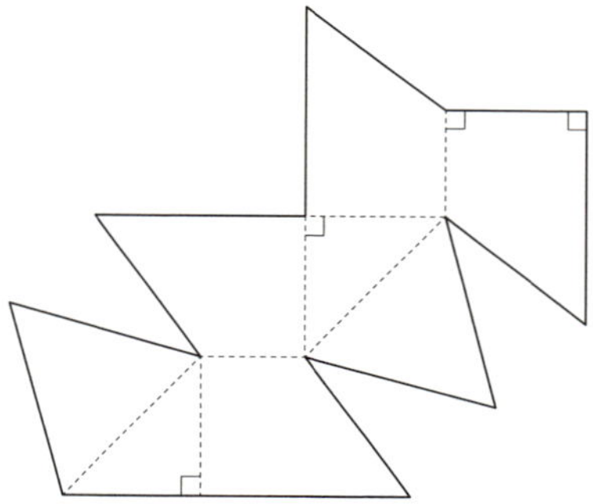

回答：

答案：参考解说图

移动一个面，可生成两组两个梯形加一个等腰直角三角形和一个等腰三角形。

生成的是与带颜色部分一模一样的两组图形，关注其中 1 组即可。

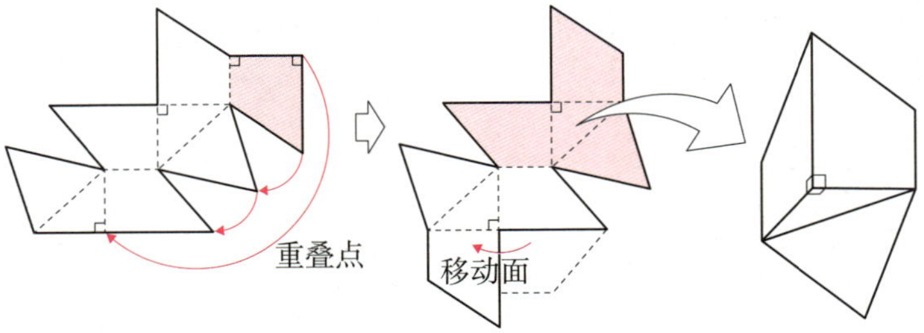

该立体图还有一个反方向的，示意图如下。

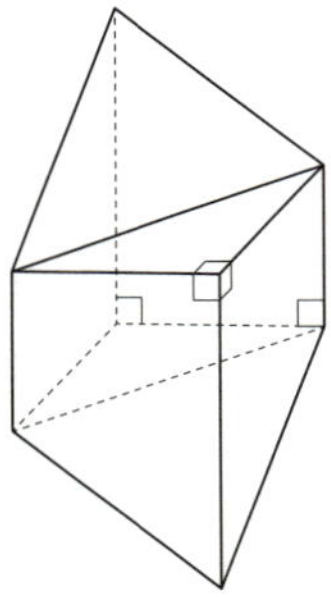

点拨

将展开图组合时要特别关注直角。

休息区

趣味数学 2　骑士的巡礼

国际象棋又称西洋棋，是一种棋类游戏，类似我们的象棋。国际象棋中有一种棋子被称作“骑士”，如①所示 ，“骑士”可以从被放置的格子行进到箭头指向的 8 个格子中的任意一格。请在②中按顺序画出“骑士”从起点出发，在每个格子都停留一次，最终抵达终点能经过的所有路线。

“骑士”移动一次可去的格子

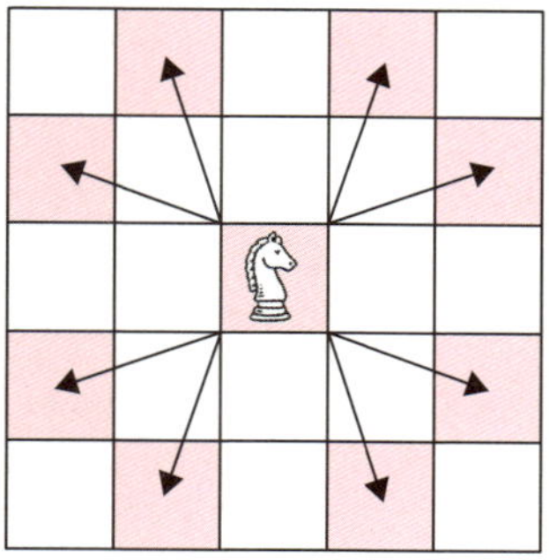

①

起点

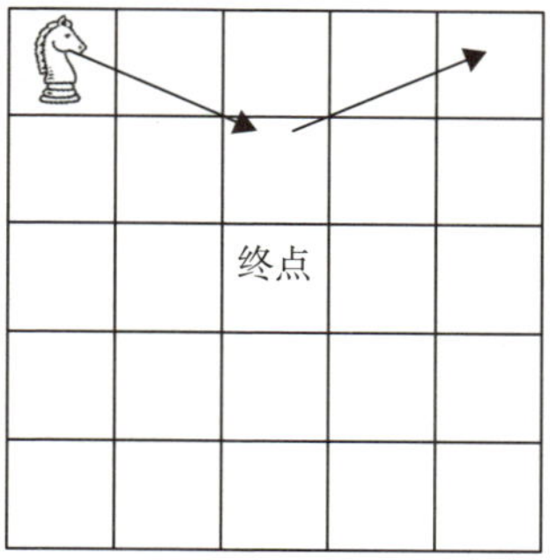

②

回答：

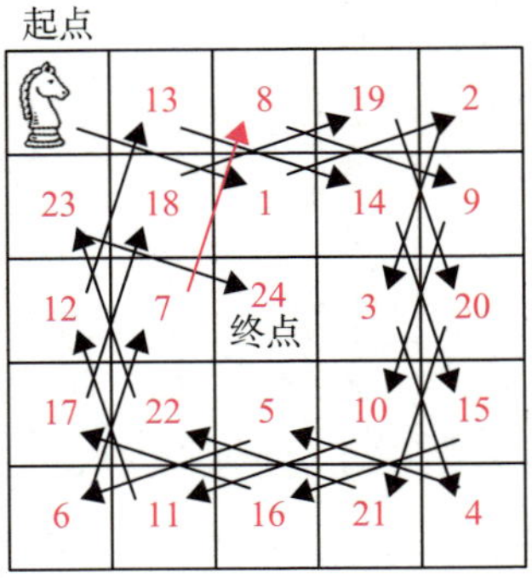
起点
13 8 19 2
23 18 1 14 9
12 7 24 终点 3 20
17 22 5 10 15
6 11 16 21 4

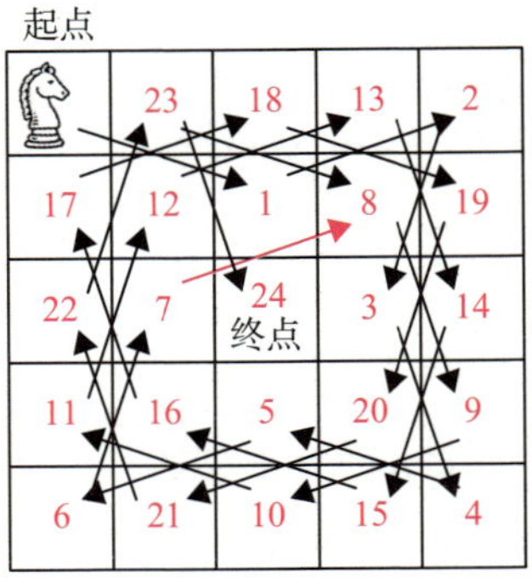
起点
23 18 13 2
17 12 1 8 19
22 7 24 终点 3 14
11 16 5 20 9
6 21 10 15 4

问题 24

有几只兔子？

鸡和兔共 50 只，合 120 条腿。问鸡和兔各有几只？

回答：

答案：鸡 40 只，兔子 10 只

制表找规律。

鸡 / 只	50	49	48	47	……	?
兔 / 只	0	1	2	3	……	?
腿的合计 / 条	100	102	104	106	……	120

每减少 1 只鸡，增加 1 只兔子，腿数之和就会增加 2 条。

（120−100）÷2=10（只）

减少 10 只鸡，增加 10 只兔子，则腿的总数为 120 条。

点拨

在小升初的数学中，有很多题目只要制表就能发现规律。本题的“鸡兔同笼”就是其中具有代表性的例子。在制表的时候，先假设一方为 0 会更容易计算出来。

【其他解法】

将问题中的条件整理成面积图。

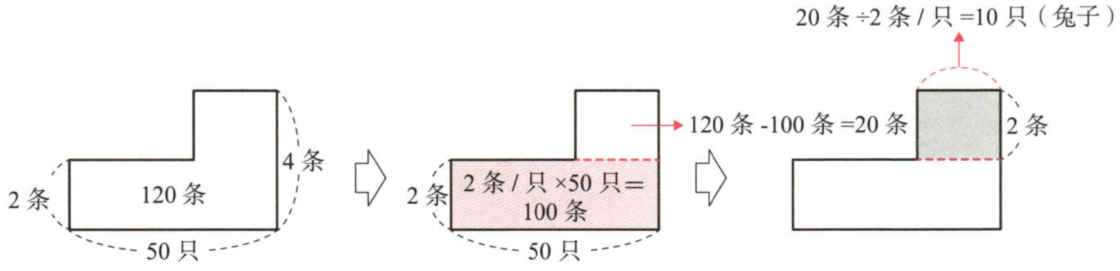

20 条 ÷2 条 / 只 =10 只（兔子）

点拨

面积图可以用于解决有乘法关系的问题，如：每只鸡的腿数 × 鸡的总数 = 鸡腿总数。

问题 25

点心的单价是多少？

小茜决定为生日聚会购买干酪蛋糕和奶油泡芙。如果买 10 个干酪蛋糕和 5 个泡芙需要 400 元，买 5 个干酪蛋糕和 10 个泡芙需要 350 元，问干酪蛋糕和泡芙的单价分别是多少元？

回答：

答案：干酪蛋糕 30 元，奶油泡芙 20 元

题中的购买方式有两种，把它们列在表格里。

	干酪蛋糕 / 个	奶油泡芙 / 个	总价 / 元
买法①	10	5	400
买法②	5	10	350

先假设两种买法中干酪蛋糕或者泡芙的数量相同。

	干酪蛋糕 / 个	奶油泡芙 / 个	总价 / 元
买法①	10	5	400
买法②	5　2 倍	10　2 倍	350　2 倍
按①买 2 份	20	10	800
买法②	5	10	350
差	15	0	450

由上表可以得出一个干酪蛋糕的价格是：

450 元 ÷ 15 个＝ 30 元 / 个

点拨

解应用题的基本原则是，依次考虑：（1）相同的是什么？（2）不同的是什么？本题除了上述解法之外，还有一种“组合解法”。

【组合解法】

400 元 +350 元 =750 元……… 干酪蛋糕和泡芙各 15 个的总价

750 元 ÷ 15 组 =50 元 / 组…… 1 个干酪蛋糕和 1 个泡芙的总价

400 元 –350 元 =50 元………… 5 个干酪蛋糕和 5 个泡芙的价格差

50 元 ÷ 5 组 =10 元 / 组……… 干酪蛋糕和泡芙的单价之差

（50 元 +10 元）÷ 2 个 =30 元 / 个 …… 干酪蛋糕的单价

问题 26

换购会怎样？

小茜准备与朋友见面，所以想要买点零食带过去。买 10 个糖甜甜圈和 5 个巧克力甜甜圈的费用共 160 元。巧克力甜甜圈比糖甜甜圈每个贵 2 元，问糖甜甜圈和巧克力甜甜圈的单价分别是多少元？

回答：

答案：糖甜甜圈 10 元，巧克力甜甜圈 12 元

把买法和价格差用线段图整理一下。

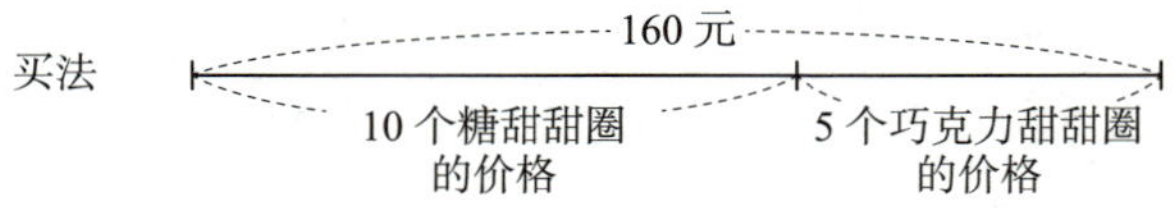

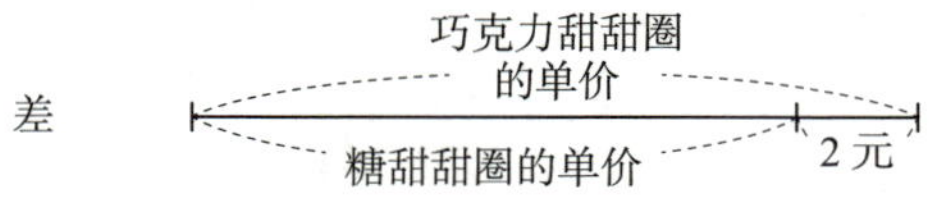

上图中，如果用 5 个巧克力甜甜圈换购 5 个糖甜甜圈，价格会发生怎样的变化呢？

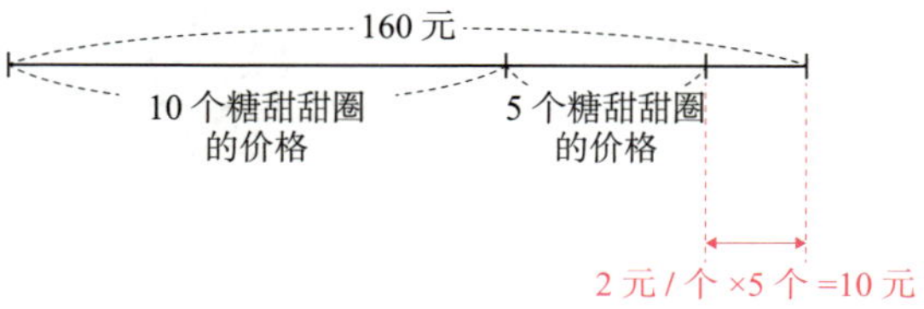

2 元 / 个 ×5 个 =10 元

如果用一个巧克力甜甜圈，换一个糖甜甜圈，价格会便宜 2 元，换 5 个糖甜甜圈就会便宜 10 元。

（160 元 −10 元）÷ 15 个 =10 元 / 个（糖甜甜圈的单价）

点拨

解应用题的时候，要善于假设。

问题 27

哪一种？多几个？

围棋的棋子分为黑子和白子。下图是用黑子和白子间隔排列而成的正方形，最外圈每边有 7 颗棋子。

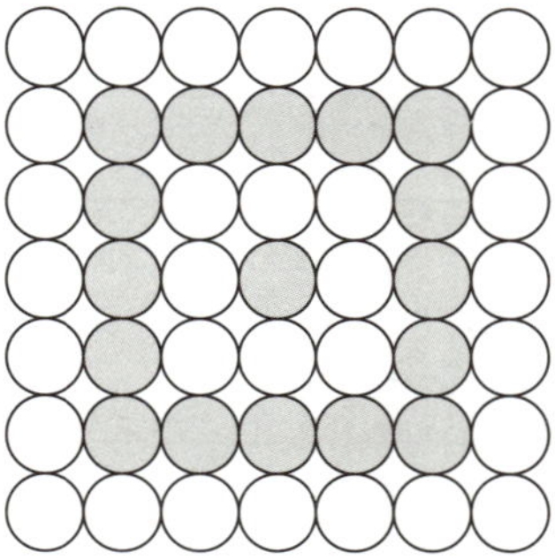

在这个正方形中，黑子 17 颗，白子 32 颗，白子比黑子多 15 颗。如果把棋子排成最外圈每边是 15 颗子的正方形，问白子比黑子多多少颗？条件是，按白子（最外圈）→黑子→白子→黑子→……的顺序排列。

回答：

答案：31 颗

将最外圈每边是 7 颗棋子的正方形中的棋子颗数整理如下。

每边的颗数	7	5	3	1
白子 / 颗	24	0	8	0
黑子 / 颗	0	16	0	1

可以看出，从外向内每进一圈，棋子会少 8 颗（只有最后一圈相差 7 颗）。

每边的颗数	7	5	3	1
白子 / 颗	24	0	8	0
黑子 / 颗	0	16	0	1
		白子多 8 颗		白子多 7 颗

最外圈每边 15 颗棋子的正方形共 8 圈，每圈的每条边分别有 15 颗，13 颗，11 颗，9 颗，7 颗，5 颗，3 颗，1 颗棋子，可以做出如上表一样的 4 组来，因此

8 颗 / 组 ×3 组 +7 颗 =31 颗

点拨

像本题这种类似“方阵”的有一定规律的题目，整理成表格之后会很容易发现其内在规律。

问题 28

剩下几个没有卖掉？

史先生每天进 100 个苹果来卖。每卖出 1 个赚 1 元，滞销 1 个亏 0.5 元。某天，他一共赚了 82 元。问这一天剩几个苹果没有卖出去？

回答：

答案与解析 ▶ 问题28

答案：12 个

“盈亏问题”跟“鸡兔同笼”属于同类，也可以用表格来求解。

卖掉的个数 / 个	100	99	98	……	?
卖剩的个数 / 个	0	1	2	……	?
赚到的钱 / 元	100	98.5	97	……	82

少 1.5 元　　少 1.5 元　　……　　少 1.5 元

从表中可以看出，卖剩下的苹果每增加一个，盈利就会减少 1.5 元。

（100 元 −82 元）÷ 1.5 元 / 个 =12 个

点拨

遇到像“鸡兔同笼”“方阵”“盈亏”这种有内在规律的应用题时，把已知条件整理到表格里就非常容易发现其规律了。

问题 29

分别买几张呢？

小茜去邮局买邮票。6 角的邮票和 8 角的邮票共买了 20 枚，其中，买 6 角的邮票比买 8 角的邮票多花了 3.6 元（1 元 =10 角）。问小茜分别买了多少枚 6 角和 8 角的邮票？

回答：

答案与解析 ▸ 问题29

答案：6 角的邮票 14 枚，8 角的邮票 6 枚

这道题跟“鸡兔同笼”是同类题，也可以用表格来求解。

6 角的邮票 / 枚	20	19	18	……	?
8 角的邮票 / 枚	0	1	2	……	?
价格差 / 角	120	106	92	……	36

减少 14 角　减少 14 角　……　减少 14 角

从表中可以看出，每增加一枚 8 角的邮票，价格差就会减少 14 角。

（120 角 −36 角）÷ 14 角 / 枚 =6 枚（8 角的邮票数量）

20 枚 −6 枚 =14 枚（6 角的邮票数量）

点拨

做表格求解的时候，把一方设为 0 能更好地避免计算上的错误。

问题 30

面包的单价是多少？

史先生店里的面包是两个一组来售卖的。豆沙面包和奶油面包的组合价是 25 元，奶油面包和咖喱面包的组合价是 29 元，咖喱面包和豆沙面包的组合价是 28 元。

（1）如果买 2 个豆沙面包、2 个奶油面包和 2 个咖喱面包，一共要花多少钱？

（2）豆沙面包、奶油面包和咖喱面包的单价分别是多少？

回答：

（1）答案：82 元

这道题属于“消去法（加减消元法）”问题。

	豆沙面包 / 个	奶油面包 / 个	咖喱面包 / 个	价格 / 元
A	1	1		25
B		1	1	29
C	1		1	28
A+B+C	2	2	2	82

点拨

将“豆沙面包和奶油面包”“奶油面包和咖喱面包”与“咖喱面包和豆沙面包”逐一错开循环着整理在表格里。

（2）答案：豆沙面包 12 元，奶油面包 13 元，咖喱面包 16 元

	豆沙面包 / 个	奶油面包 / 个	咖喱面包 / 个	价格 / 元
A	1	1		25
B		1	1	29
C	1		1	28
A+B+C	2 ÷2	2 ÷2	2 ÷2	82 ÷2
D	1	1	1	41

比较 D 和 A：

41 元 −25 元 =16 元（咖喱面包的单价）

比较 D 和 B：

41 元 −29 元 =12 元（豆沙面包的单价）

比较 D 和 C：

41 元 −28 元 =13 元（奶油面包的单价）

问题 31

那是什么时候？

平脸怪、辘轳头和伞怪 * 在聊天。

平脸怪：我终于 1000 岁了，你呢？

辘轳头：我 700 岁。

伞怪：你们两个，都还是孩子啊。我已经 3500 岁了。

问多少年之后，平脸怪和辘轳头的年龄加起来与伞怪的年龄相同？

回答：

* 日本民间传说鬼怪形象。——译者注

答案：1800 年后

这是一道计算年龄的问题。

年龄	现在	1 年后	2 年后	……	？年后
平脸怪 / 岁	100	1001	1002	……	?
镰铲头 / 岁	700	701	702	……	?
二者年龄之和 / 岁	1700	1702	1704	……	?
伞怪 / 岁	3500	3501	3502	……	?
年龄差 / 岁	1800	1799	1798	……	0

减少 1 岁　减少 1 岁　……　减少 1 岁

从表中可以看出，每过 1 年，平脸怪和镰铲头的年龄之和与伞怪年龄的差就会减少 1 岁，所以

1800 岁 ÷1 岁 / 年 =1800 年

1800 年后平脸怪和镰铲头的年龄之和就会与伞怪的年龄相同。

点拨

此类关于计算年龄的问题，可以通过将已知数值整理成表格，着眼于年龄差异的变化来解决。

问题 32

喝掉了多少水？

一些大象、小鹿、袋鼠、小狗和小猫排队喝水。大象喝掉 1 L 后又喝了剩下的$\frac{1}{6}$；小鹿接着喝，小鹿喝掉 2 L 之后又喝了剩下的$\frac{1}{6}$；接着袋鼠喝掉 3 L 之后又喝了剩下的$\frac{1}{6}$；小狗再喝掉 4 L 之后又喝了剩下$\frac{1}{6}$；最后小猫喝掉 5 L 水，水喝没了。问最开始时的水量是多少？

回答：

答案：25 L

利用线段图来整理问题的条件。从后往前，逆向思考。

⑤*= 5 L →① =1 L

5 L+5 L=10 L

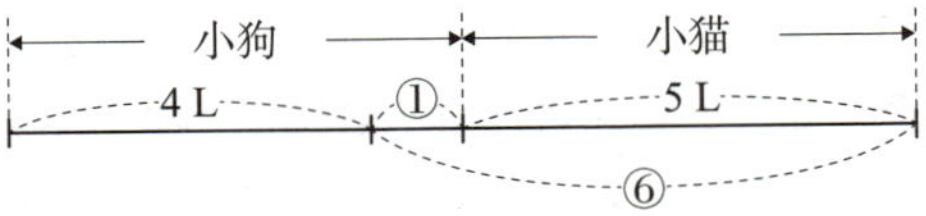

这是袋鼠喝过之后的余量。

⑤ =10 L →① =2 L

10 L+5 L=15 L

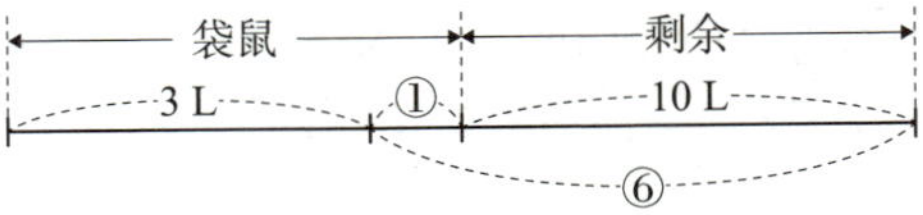

这是小鹿喝过之后的余量。

⑤ =15 L →① =3 L

15 L+5 L=20 L

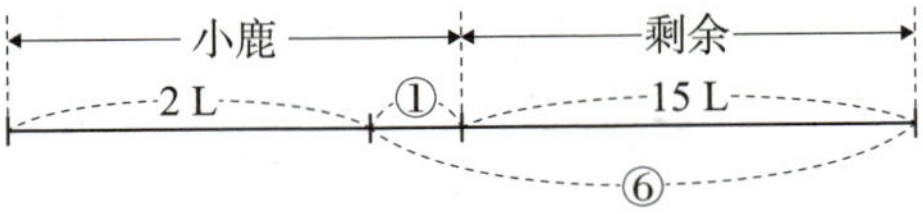

这是大象喝过之后的余量。

⑤ =20 L →① =4 L

20 L+5 L ＝ 25 L

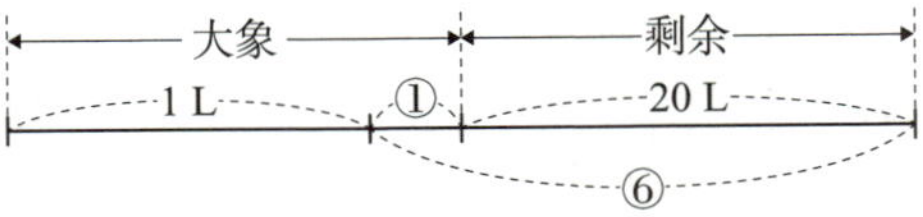

这是最开始时的水量。

点拨

对于倍数和比例的运算，线段图可以帮助你更好地理解问题的条件。

* ⑤①⑥分别表示 5 份、1 份、6 份。

问题 33

怎么分比较好呢？

老师准备了一些糖果想要在儿童节上分给孩子们。如果每人发 4 颗会多出 8 颗，再给每人多发 2 颗又会少 8 颗。问每人发几颗可以刚好把糖果分完？

回答：

答案与解析 ▸ 问题 33

答案：每人 5 颗

这道题属于计算余缺的问题。

【解法 1】线段图法

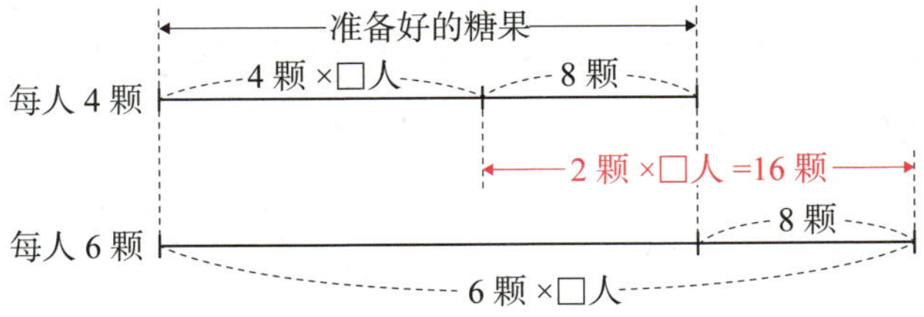

【解法 2】面积图法

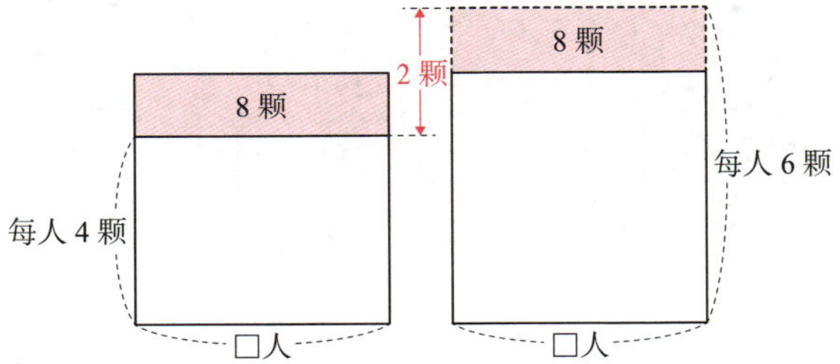

【解法 3】表格法

	4 颗	4 颗	4 颗	……	4 颗	余 8 颗
	6 颗	6 颗	6 颗	……	6 颗	差 8 颗
糖果差	2 颗	2 颗	2 颗	……	2 颗	=16 颗

（8 颗 +8 颗）÷2 颗 / 人 =8 人

（4 颗 / 人 ×8 人 +8 颗）÷8 人 =5 颗 / 人

点拨

解题方法有很多种，读者可以从简单易懂的解法开始学。

问题 34

不变的是什么？

史先生和小茜去采橘子。史先生篮子里的橘子数量是小茜的 3 倍，于是史先生送给了小茜 3 个橘子，这样一来，史先生的橘子数正好是小茜的两倍。问两人篮子里的橘子一共有多少个？

回答：

答案：36 个

这是一道倍数应用题。

【解法 1】线段图法

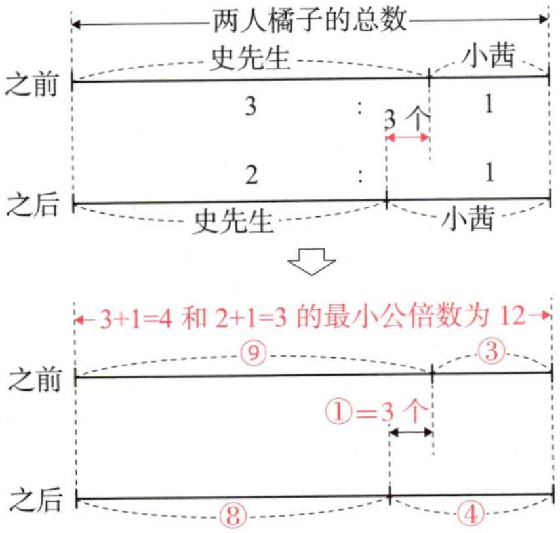

【解法 2】表格法

	史先生		小茜		两人橘子的总数
之前	3	:	1	:	4
	3 个 →				↕ 即使给对方 3 个，两人橘子的总数仍不变
之后	2	:	1	:	3

⇩

	史先生		小茜		两人橘子的总数
之前	⑨	:	③	:	⑫
	①= 3 个 →				‖
之后	⑧	:	④	:	⑫

3 个 × 12 = 36 个

点拨

利用“和不变”。

* ①③④等带圈的数字，分别表示相应份数，如 1 份、3 份、4 份等。

休息区

趣味数学3　分油算法

小茜家的厨房里有一个 300 mL 的容器 A 和一个 700 mL 的容器 B。请用这两个容器，从装有 1 L 牛奶的奶瓶中量取 500 mL 牛奶。

回答：

<table>
<tr><th>步骤</th><th>容器 B 中的牛奶 / mL</th><th>容器 A 中的牛奶 / mL</th></tr>
<tr><td rowspan="2">1</td><td colspan="2">从奶瓶中倒 700 mL 牛奶到容器 B 中</td></tr>
<tr><td>700</td><td>0</td></tr>
<tr><td rowspan="2">2</td><td colspan="2">将容器 B 中的牛奶倒 300 mL 到容器 A 中</td></tr>
<tr><td>400</td><td>300</td></tr>
<tr><td rowspan="2">3</td><td colspan="2">将容器 A 中的牛奶全部倒回到奶瓶中</td></tr>
<tr><td>400</td><td>0</td></tr>
<tr><td rowspan="2">4</td><td colspan="2">将容器 B 中的牛奶倒 300 mL 到容器 A 中</td></tr>
<tr><td>100</td><td>300</td></tr>
<tr><td rowspan="2">5</td><td colspan="2">将容器 A 中的牛奶全部倒回到奶瓶中</td></tr>
<tr><td>100</td><td>0</td></tr>
<tr><td rowspan="2">6</td><td colspan="2">将容器 B 中的 100 mL 牛奶倒入容器 A 中</td></tr>
<tr><td>0</td><td>100</td></tr>
<tr><td rowspan="2">7</td><td colspan="2">从奶瓶中倒 700 mL 牛奶到容器 B 中</td></tr>
<tr><td>700</td><td>100</td></tr>
<tr><td rowspan="2">8</td><td colspan="2">将容器 B 中的牛奶倒 200 mL 到容器 A 中</td></tr>
<tr><td>500</td><td>300</td></tr>
<tr><td rowspan="2">9*</td><td colspan="2">将容器 A 中的 300 mL 牛奶倒回奶瓶</td></tr>
<tr><td>500</td><td>0</td></tr>
</table>

* 没有第 9 步也可以。

【其他解法】

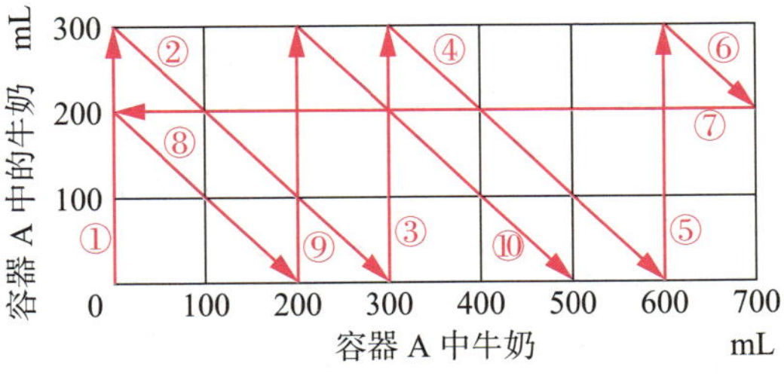

如上图所示，如果先把牛奶倒入容器 A，分 10 次就能量取 500 mL 的牛奶。

第四章

数的规律性

问题 35

一共有多少个?

当塑料袋还没有普及的时候，日本人把米装在用稻草做成的草包里堆积存储，如下图所示。

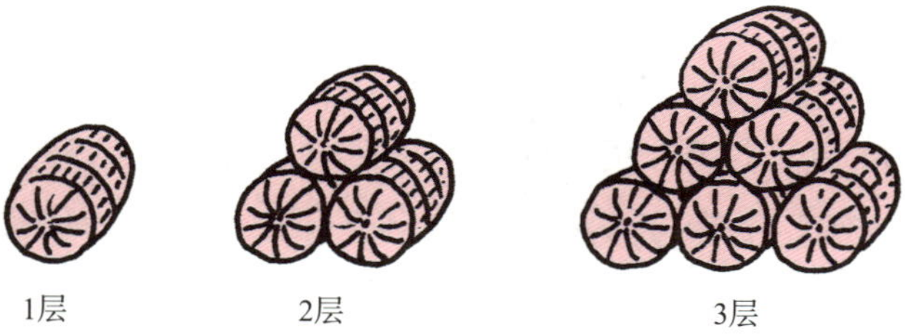

问堆积到 10 层时，共有多少袋草包?

回答：

答案：55 袋

$$
\begin{aligned}
& 1+2+3+\cdots+8+9+10 \\
= & (1+10)\times 10\times \frac{1}{2} \\
= & 55
\end{aligned}
$$

点拨

【例 1】

1 2 3 4 5…

差1 差1 差1 差1

【例 2】

21 24 27 30 33…

差3 差3 差3 差3

按相同数量递增（减）的数列被称为“等差数列”。在等差数列中，求第□个数字或前□个数字之和时，可以使用以下公式：

第□个数字 = 第 1 个数字 + 差 ×(□ −1)

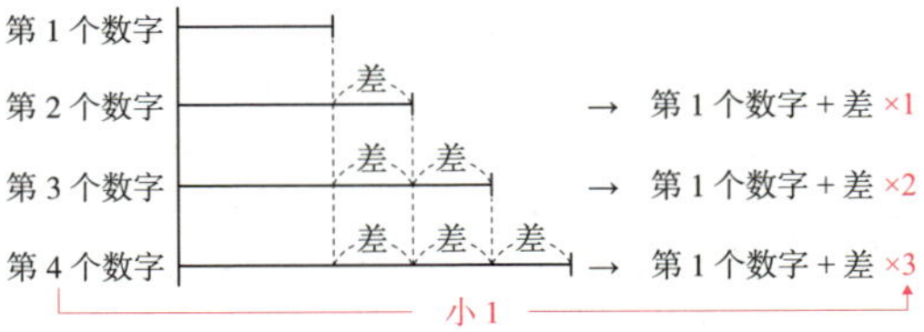

前□个数字之和 =（第 1 个数字 + 第□个数字）× □ × $\frac{1}{2}$

【3 层草包的求和法】

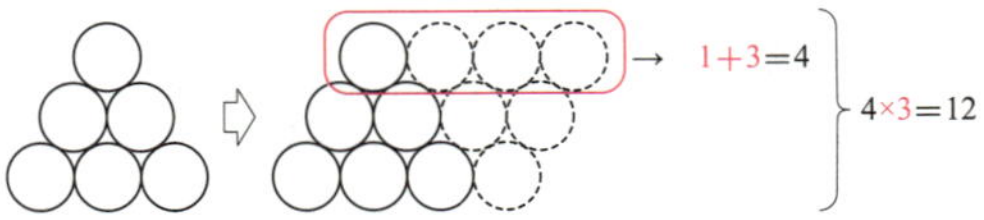

如上图所示，增加 1 组 3 层草包反向堆积，一共是 12 袋，那么 1 组 3 层草包就是它的一半，即 6 袋。

问题 36

有何规律?

有一个边长 1 cm 的正方形（下图中带阴影的正方形）。在这个正方形的边上粘一个边长 1 cm 的正方形（①），再粘一个边长 2 cm 的正方形（②），再粘一个边长 3 cm 的正方形（③），再粘一个边长 5 cm 的正方形（④），……如此这般，一个接一个地粘下去。下图演示的是粘至边长 5 cm 的正方形（④）。

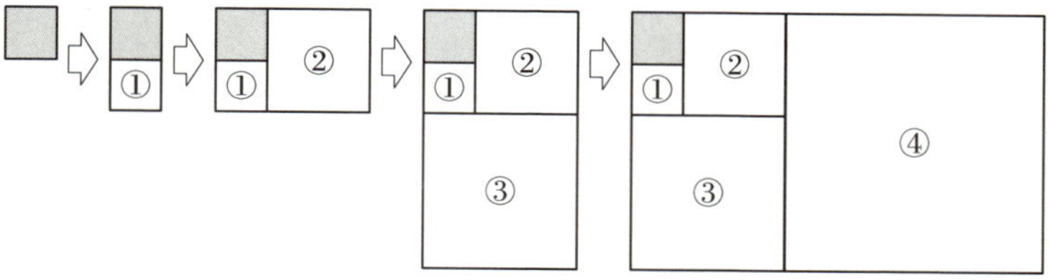

以此规则继续粘正方形至第 10 个，问⑩号正方形的边长是多少?

回答：

答案与解析 ▸ 问题 36

答案：89 cm

整理到表格里。

编号	阴影正方形	①	②	③	④	⑤	⑥	⑦	⑧	⑨	⑩
边长 / cm	1	1	2	3	5	8	13	21	34	55	89

点拨

如果你想画图思考，就会发现越画越大，根本无法在本子上完成。那就把到⑤号正方形为止的数据整理在表格里吧。

编号	阴影正方形	①	②	③	④	⑤
边长 / cm	1	1	2	3	5	8

+0　+1　+1　+2　+3

从上表可以看出，边长增加的数字和前一个正方形的边长是相同的（下表中加框的部分）。

编号	阴影正方形	①	②	③	④	⑤
边长 / cm	1	1	2	3	5	8

+0　+1　+1　+2　+3

因此，可以得知⑥的边长为 8+5=13，⑦的边长为 13+8=21，等等。

此刻我们再看一下题目中的图，新粘上的正方形的边长等于前面粘上的 2 个正方形的边长之和，所以⑥的边长是 13 cm，⑦的边长是 21 cm。

从第 3 项开始，每一项都等于前两项之和的数列就是“斐波那契数列”。

问题 37

需要算到最后吗？

求（1）—（4）的商。（5）（6）请按要求回答问题。

（1）$1 \div 2$

（2）$1 \div 4$

（3）$1 \div 8$

（4）$1 \div 16$

（5）求 $1 \div 3$ 的商的第 10 位小数。

（6）求 $1 \div 7$ 的商的第 100 位小数。

回答：

答案与解析 ▸ 问题 37

答案：(1) 0.5 (2) 0.25 (3) 0.125 (4) 0.0625

（2）中的“1 ÷ 4”是将 1 等分为 4 份，这和 2 等分之后再 2 等分是一样的。因此，（2）的商可以用（1）的商除以 2 求得。

同样，（3）中的“1 ÷ 8”是将 1 等分为 8 份，这和 4 等分之后再 2 等分是一样的。因此，（3）的商可以用（2）的商除以 2 求得。

于是，可以做如下计算。

$$\underset{0.5}{（1）的商} \xrightarrow{\div 2} \underset{0.25}{（2）的商} \xrightarrow{\div 2} \underset{0.125}{（3）的商} \xrightarrow{\div 2} \underset{0.0625}{（4）的商}$$

（5）答案：3

1 ÷ 3=0.33333…

小数点后面有无限个“3”，所以第 10 位小数是“3”。

（6）答案：8

1 ÷ 7=0.142857142857l…

小数点后面是“142857”这组数字的无限循环。

100 个 ÷ 6 个 / 组 =16 组，余数为 4。也就是说第 100 位小数是将“142857”循环 16 次后的第 4 位数，所以答案是“8”。

点拨

我们把像 0.1428571428571…这样从某一位起，1 个数字或几个数字依次不断重复出现的小数称为“循环小数”，依次不断重复出现的数字就是这个小数的循环节。计算循环小数，需要找出循环节。

问题 38

猜猜最小数！

下面的公式中，符合填入□条件的最小数是几？请参考示例进行回答。（2）（4）和（5）中的数字均为以 1 递增的整数。

例：

10+11+12=33 → 10 是最小数。

8+9+10+11=38 → 8 是最小数。

（1）□ +5+6=15

（2）□ + □ + □ + □ + □ =15

（3）□ +6+7+8+9=35

（4）□ + □ + □ + □ + □ + □ + □ =35

（5）□ + □ + □ + □ + □ =45

回答：

答案与解析 ▶ 问题 38

（1）答案：4

$$15-(5+6)=4$$

（2）答案：1

如果有两组□ + □ + □ + □ + □ =15，可以如下图所示进行组合。

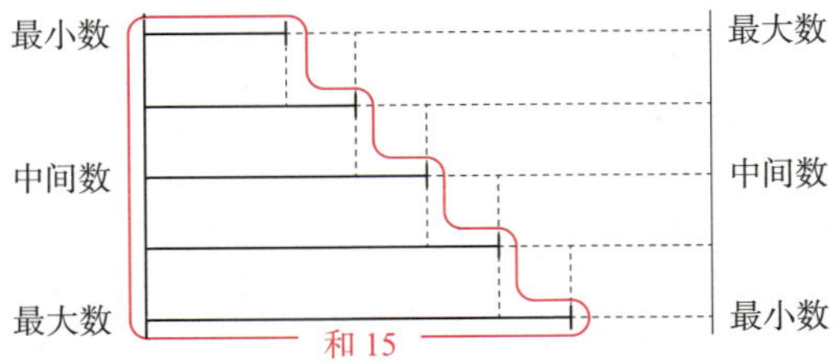

$$15\times2=\text{中间数}\times2\times5$$

那么，连续 5 个□的中间数就是 3。

（3）答案：5

$$35-(6+7+8+9)=5$$

（4）答案：2

与（2）同理，

$$35\times2=\text{中间数}\times2\times7$$

那么，连续 7 个□的中间数就是 5。

（5）答案：7

与（2）同理，

$$45\times2=\text{中间数}\times2\times5$$

所以，连续 5 个□的中间数是 9。

点拨

连续整数之和 = 中间数 × 个数。

问题 39

偶数？奇数？

有 4 个从小到大的整数 A，B，C，D。下面的 6 个数字是这 4 个整数的两两取和，再按从小到大的顺序排列的。

21，23，26，28，31，33

问 A，B，C，D 这 4 个整数中有几个偶数？

回答：

答案：2 个

把 4 个整数 A，B，C，D 两两取和的结果整理如下表。

<table>
<tr><th>A</th><th>B</th><th>C</th><th>D</th><th>和</th></tr>
<tr><td>○</td><td>○</td><td></td><td></td><td>21</td></tr>
<tr><td>○</td><td></td><td>○</td><td></td><td>23</td></tr>
<tr><td>○</td><td></td><td></td><td>○</td><td rowspan="2">26、28</td></tr>
<tr><td></td><td>○</td><td>○</td><td></td></tr>
<tr><td></td><td>○</td><td></td><td>○</td><td>31</td></tr>
<tr><td></td><td></td><td>○</td><td>○</td><td>33</td></tr>
</table>

从表中可以看出，$A+B$ 为奇数，$A+C$ 为奇数，$C+D$ 为奇数。

当 A 为偶数时，B 为奇数，C 为奇数，D 为偶数；

当 A 为奇数时，B 为偶数，C 为偶数，D 为奇数；

所以，不管什么情况，都会有两个偶数。

【其他解法】

偶数 + 奇数 = 奇数。把数的和整理在表格里，其中 6 个和中有 4 个是奇数（21，23，31，33），那么，A，B，C，D 中一定有两个是偶数。

偶数 A			
偶数	偶数 B		
奇数	奇数	奇数 C	
奇数	奇数	偶数	奇数 D

点拨

偶数和奇数的加减结果如下。

偶数 + 偶数 = 偶数，偶数 – 偶数 = 偶数，偶数 + 奇数 = 奇数，偶数 – 奇数 = 奇数，奇数 – 偶数 = 奇数，奇数 + 奇数 = 偶数，奇数 – 奇数 = 偶数。

问题 40

怎么计算?

九号国没有数字。这个国家在做加法时使用方格，如下所示。

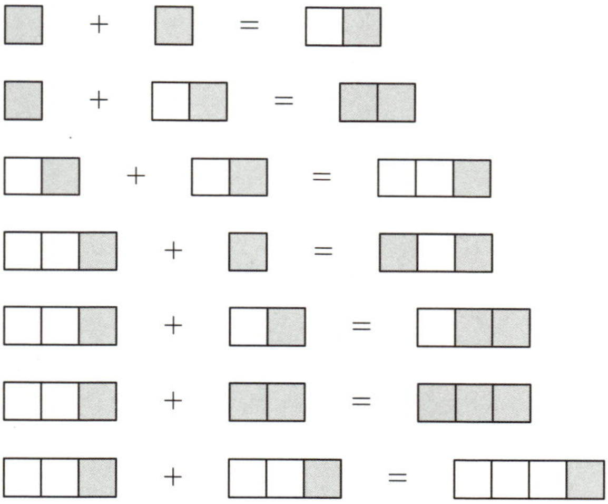

按照该国加法规则，请计算。

(1) 

(2) 

回答：

（1）答案：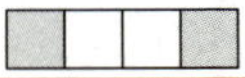

分解总数。

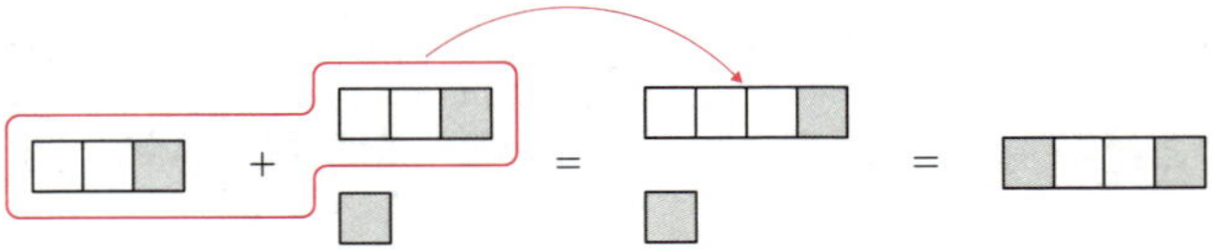

（2）答案：

同（1），将数分解。

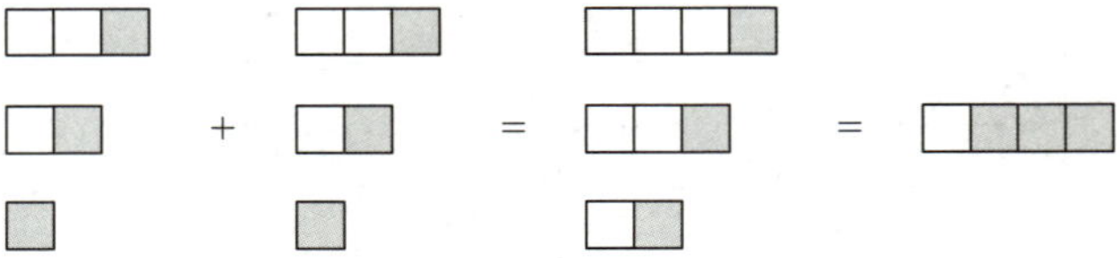

点拨

可以视有阴影的方格内“隐藏着数字”。

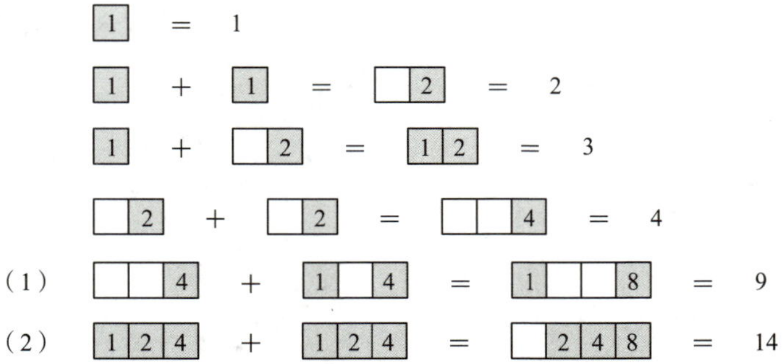

问题 41

可以心算吗？（之一）

请心算下列算式。

（1）1+3

（2）1+3+5

（3）1+3+5+7

（4）1+3+5+7+9

（5）11+13+15+…+37+39

回答：

答案：(1) 4 (2) 9 (3) 16 (4) 25

从 1 开始，连续奇数的加法可以用在正方形中摆○的方法来思考。

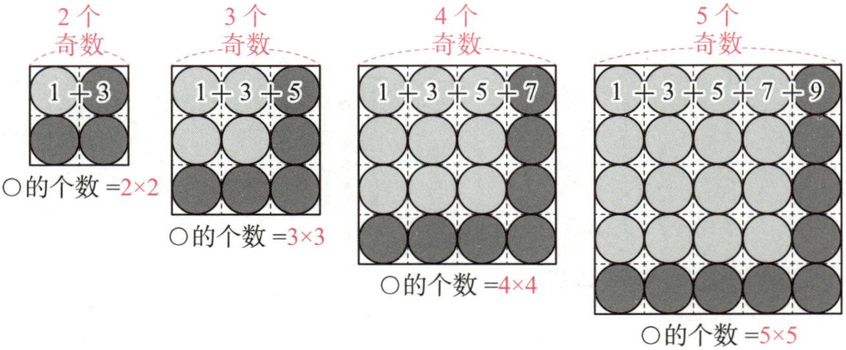

(5) 答案：375

1+3+⋯+37+39 的奇数个数是 (39+1) ÷ 2=20 个，1+3+5+7+9 的奇数个数是 (9+1) ÷ 2=5 个，计算 11+13+15+⋯+37+39，可以用正方形如下表示：

11+13+15+⋯+37+39

=20 × 20−5 × 5

=375

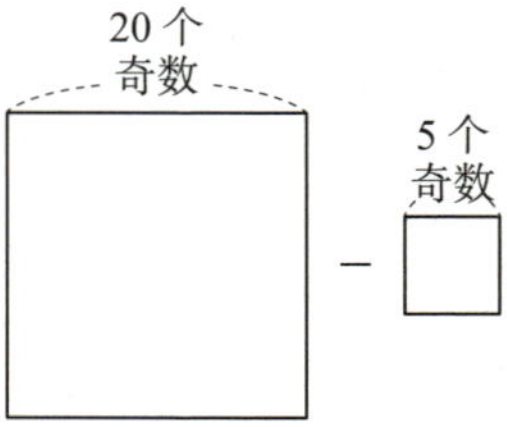

点拨

从 1 开始的连续奇数之和 = 奇数个数的平方。

问题 42

可以心算吗？（之二）

请心算下列算式。

（1）1+2+1

（2）1+2+3+2+1

（3）1+2+…+19+20+19+…+2+1

回答：

答案：(1) 4 (2) 9 (3) 400

与 41 题同理，把○排进正方形中，如下图所示。

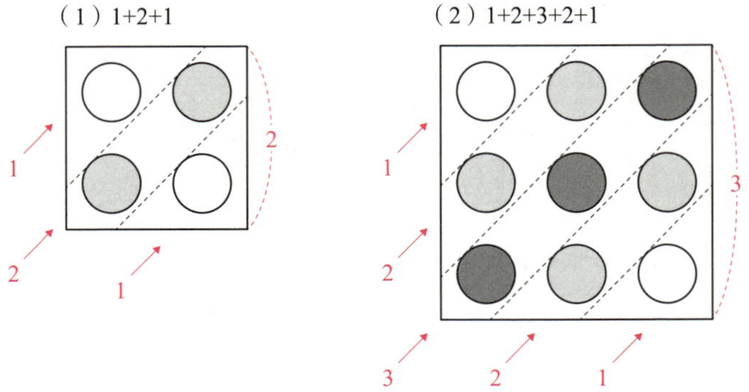

如上图所示，“1+2+…+ 中间数 +…+2+1”的“中间数”与正方形一条边上的○数量相同，所以（3）的答案是

$$20\times 20=400$$

点拨

1+2+…+ 中间数 +…+2+1= 中间数的平方

问题 43

□里填什么数？

求下列算式中□里的数。注意，各算式中□里的数是同一个数。

例：2+4 =□ × □ + □ → □= 2

（1）2+4+6 =□ × □ + □

（2）2+4+6+8 =□ × □ + □

（3）2+4+6+⋯+198+200 =□ × □ + □

回答：

答案与解析 ▶ 问题43

答案：(1) 3 (2) 4 (3) 100

与 41、42 题同理，可以利用○图来计算。

（例）

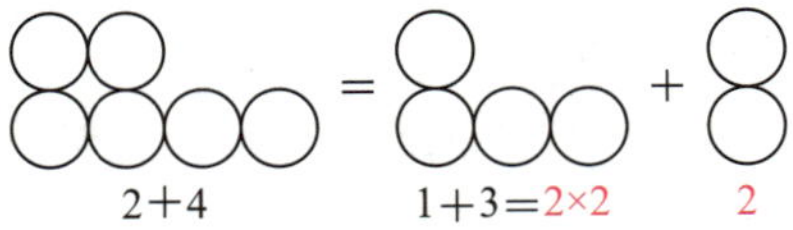

（1）

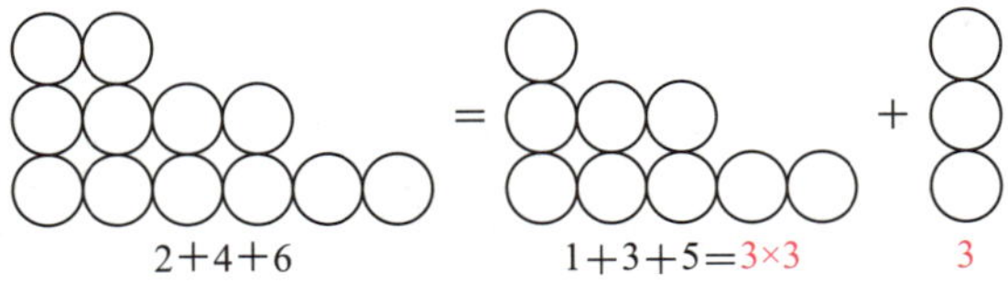

（2）

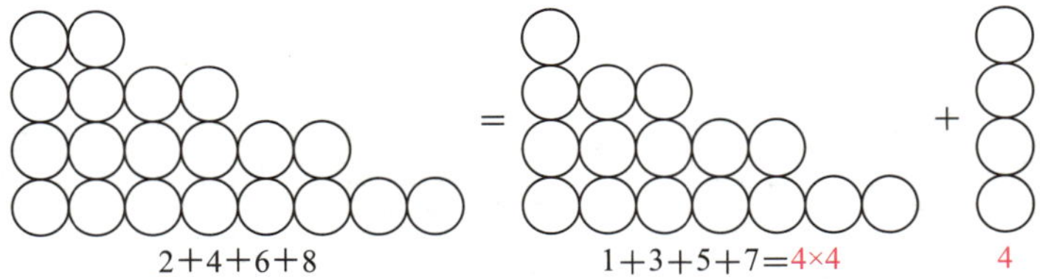

如上图所示，从 2 开始的连续偶数之和可以看作从 1 开始的连续奇数之和加上奇数的个数（偶数的个数），所以（3）的□中的数字是

$$200 \div 2=100$$

【其他解法】

在计算等差数列之和时，可根据

$$(2+200) \times 100 \times \frac{1}{2} =100 \times 100+100$$

得出

$$\square =100$$

点拨

从 2 开始的连续偶数之和 = 偶数的个数的平方 + 偶数的个数。

问题 44

能称出来吗？

使用下图所示的托盘天平和砝码称取物品的质量。有 1 g，3 g，9 g，27 g 的砝码各 1 个。

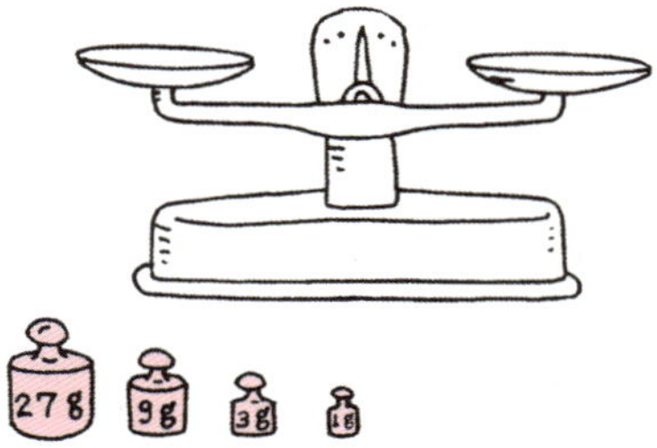

（1）将质量为 11 g 的物品放在天平的左盘上。问怎样放砝码才能让天平保持平衡？（左右盘都可以放砝码。）

（2）这个天平能称多少种不同质量的物品？（左右盘都可以放砝码，0 g 不算。）

回答：

答案与解析 ▶ 问题44

（1）答案：左盘放1 g的砝码，右盘放3 g和9 g的砝码。

	左盘	右盘
砝码 / g	1	3、9
物品的质量 / g	11	–
总质量 / g	12	12

（2）答案：40种

按下表放砝码，可分别称出1—40 g的所有物品的质量。黑色○表示放在左盘，粉色○表示放在右盘。

物品	1 g	2 g	3 g	4 g	5 g	6 g	7 g	8 g	9 g	10 g	11 g	12 g	13 g	14 g	15 g	16 g	17 g	18 g
1 g	**○**	○		**○**	○		**○**	○		**○**	○		**○**	○		**○**	○	
3 g		**○**	**○**	**○**	○	○	○				**○**	**○**	**○**	○	○	○		
9 g					**○**	**○**	**○**	**○**	**○**	**○**	**○**	**○**	**○**	○	○	○	○	○
27 g														**○**	**○**	**○**	**○**	**○**

物品	19 g	20 g	21 g	22 g	23 g	24 g	25 g	26 g	27 g	28 g	29 g	30 g	31 g	32 g	33 g	34 g	35 g	36 g
1 g	**○**	○			○		**○**	○		**○**	○		**○**	○		**○**	○	
3 g		**○**	**○**	**○**	○	○	○				**○**	**○**	**○**	○	○	○		
9 g	○	○	○	○										**○**	**○**	**○**	**○**	**○**
27 g	**○**	**○**	**○**	**○**	**○**	**○**	**○**	**○**	**○**	**○**	**○**	**○**	**○**	**○**	**○**	**○**	**○**	**○**

物品	37 g	38 g	39 g	40 g
1 g	**○**	○		**○**
3 g		**○**	**○**	**○**
9 g	**○**	**○**	**○**	**○**
27 g	**○**	**○**	**○**	**○**

点拨

1 g、2 g、4 g、8 g……当砝码的质量像这样成倍增加，而每种砝码都有1个时，只需把砝码放在一边的托盘上（无须两边都放），就可以称出砝码总质量内的所有质量为整数的物品的质量。

问题 45

可以削成几张？

“来来来，走过路过不要错过！筑波山的特产蛤蟆油，无惧刀锋剑利，瞬间止血，即刻痊愈。看这刀，看这刀，咔咔咔，多锋利！1张秒变2张，2张秒变4张，4张变8张，8张变16张，16张变32张，32张变64张……”

这是在日本卖刀伤神药——蛤蟆油的人惯用的吆喝语。以上是用刀把1张纸削成2张，叠起来再削成4张，再叠起来削成8张……时的叫卖场景。

那么，如下图所示，如果不把纸叠起来，削6次，最多能削出多少张？

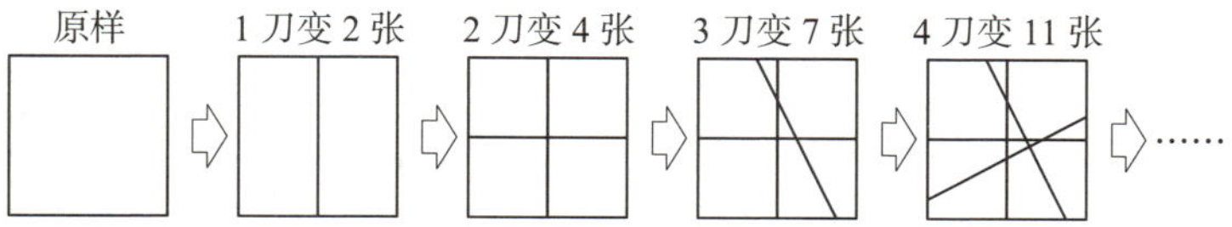

回答：

答案：22 张

为了总结内在规律，把已知条件整理在下表里。

削的次数 / 次	0	1	2	3	4	……	6
纸的张数 / 张	1	2	4	7	11	……	?

+1　+2　+3　+4

从表中可以看出，削的次数每增加一次，纸张会增加 1 张、2 张、3 张、4 张……那么削 5 次，纸张应该是

$$11+5=16 \text{ 张}$$

削 6 次时则是

$$16+6=22 \text{ 张}$$

点拨

通过整理成表格，很容易发现内在规律。在时间充裕的情况下，发现规律后，还可以继续思考其中的原因。比如本题，就有以下几个原因。

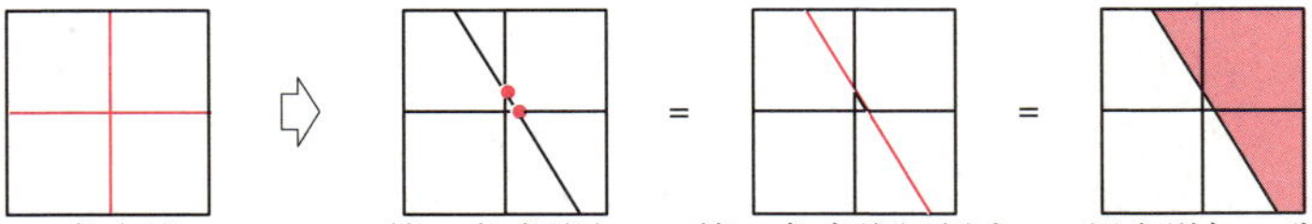

2 条直线　第 3 条直线与前 2 条直线相交　第 3 条直线切割成 3 个区块　纸会增加 3 张

做切割时，如果纸上已有 N 条直线，就会把纸分割出（N+1）个新区块，纸张自然也会增加（N+1）张。

问题 46

有几种排法？

将若干块下图中的色板排成一排，达到需要的长度。

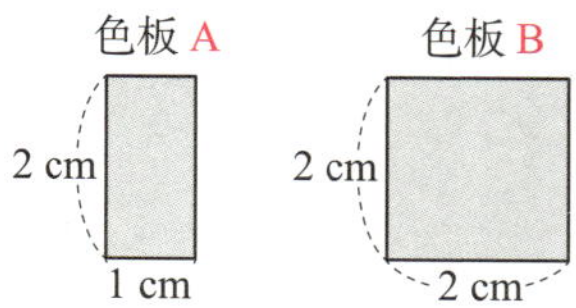

下图是排列后总长度为 1 cm，2 cm，3 cm 时的色板排列方法。

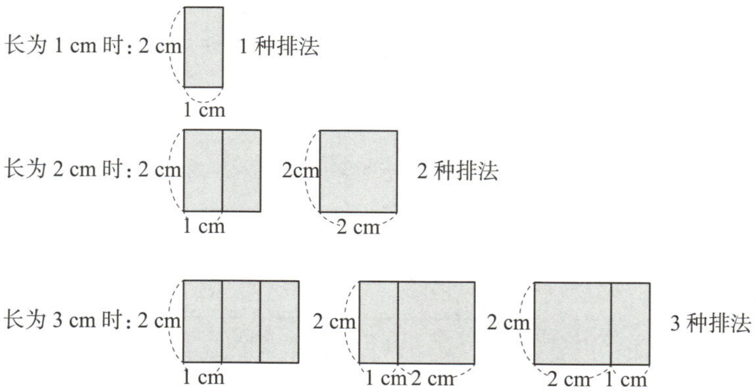

（1）长为 3 cm 时，排法用（A，A，A）、（A，B）、（B，A）表示。请用相同的方法表示长为 4 cm 时的排法。

（2）长为 6 cm 时有多少种排法？

回答：

（1）答案：(A，A，A，A)、(A，A，B)、(A，B，A)、(B，A，A)、(B，B)

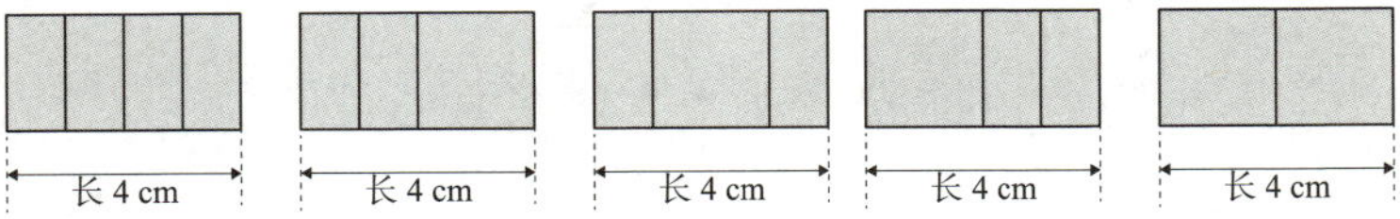

5 种

（2）答案：13 种

总长度为 4 cm 的时候，有如下排法：

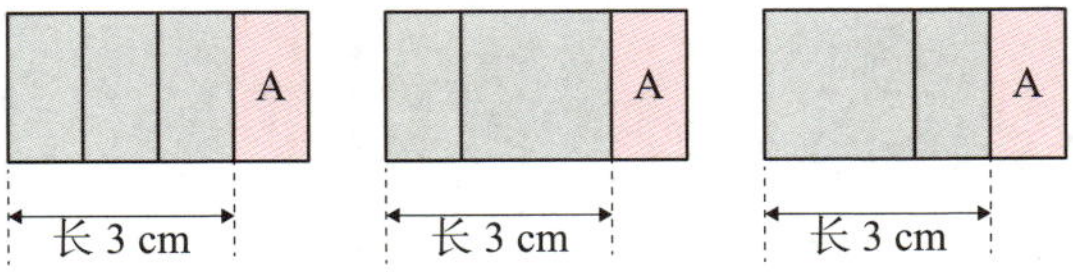

3 种

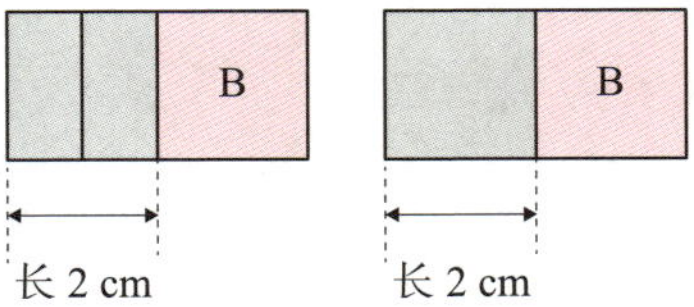

2 种

最右侧色板	总长度					
	1 cm	2 cm	3 cm	4 cm	5 cm	6 cm
A	1 种	1 种	2 种	3 种	5 种	8 种
B	0 种	1 种	1 种	2 种	3 种	5 种
合计	1 种	2 种	3 种	5 种	8 种	13 种

点拨

我们称此求解方法为“垫脚石法”（利用已知信息求解）。

问题 47

会剩下谁？

史先生班里有 35 名学生。这 35 人按学号顺序围成一个圈，玩一种叫“碰一碰，再见”的游戏。游戏规则如下。

①学号为 1 的同学首先扮鬼，跳过 1 人，碰一碰学号是 3 的同学，然后退出游戏。

②被碰到的学号是 3 的同学接着扮鬼，跳过 1 人，碰一碰学号是 5 的同学，然后退出游戏。

③被碰到的学号是 5 的同学继续扮鬼，跳过 1 人，碰一碰学号是 7 的同学，然后退出游戏。

……

⑱被碰到的学号是 35 的同学扮鬼，跳过 1 人，碰一碰学号是 4 的同学，然后退出游戏。

……

如此这般，直到剩下最后 1 人时，游戏结束。问剩下的最后这位同学的学号是多少？

回答：

答案：6 号

小于 35 又最接近 35 的 2^n 的数字是 2^5，即

$$2\times2\times2\times2\times2=32$$

$$35\text{ 人}-32\text{ 人}=3\text{ 人}$$

学号是 1、3、5 的同学相继退出游戏后，剩下 32 人，接下来扮鬼的 7 号同学相当于 32 人继续玩游戏时的“1 号人物”，那么“32 号人物”就是学号是 6 号的同学，他就是那个最后剩下的人。

点拨

从最少的参加人数开始按顺序进行游戏，将结果整理成表格，就很容易发现其中的规律，如下表所示。

参加的人数 / 人	4	5	6	7	8	9	10	11	12	13	14	15	16	17	18	19	20	……
最后一人的学号	4	2	4	6	8	2	4	6	8	10	12	14	16	2	4	6	8	……

从表中可以看出，当人数为 2^n 时，学号是 2^n 的那位同学会留到最后，而人数每增加一人，留到最后的同学的学号从 2 逐次增加 2，以此类推。因为

$$35\text{ 人}=2^5\text{ 人}+3\text{ 人}$$

由此可知

$$2\times3\text{（人）}=6\text{（号）}$$

问题 48

星期几？

下图是某年的某个大月（有 31 天的月份）的月历。框中的日期 A，B，C 之之和为 45，其中 A 是星期日（A，B，C 不一定在这个月的第二周）。请回答以下问题：

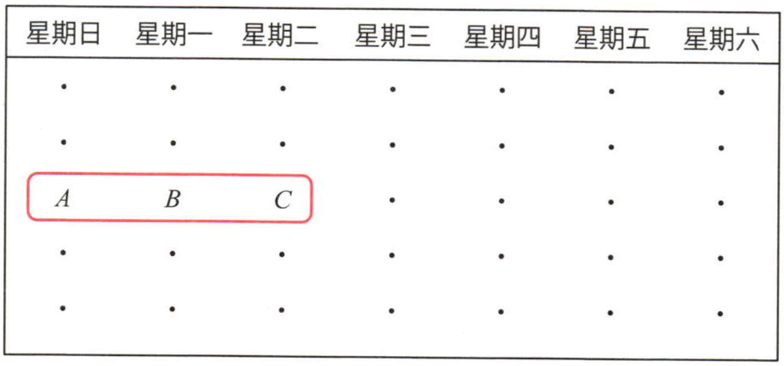

（1）这个月的 1 日是星期几？

（2）该年是平年（2 月是 28 天），1 月 1 日是星期日。问此月历上是几月？

回答：

（1）答案：星期一

A，B，C 是 3 个连续整数，它们的和等于中间数的 3 倍。

$$A+B+C=B\times 3=45,\ B=15$$

又因 15 日是星期一，所以 8 日、1 日也都是星期一。

（2）答案：5 月

2 月正好 4 周，所以 2 月 1 日和 3 月 1 日星期数相同。大月天数会比 4 周多出 3 天，因此下一个月的星期数会往后错开 3 天。同样，下一个月是小月，小月的下一个月的星期数会错开两天。整理一下，如下图所示。

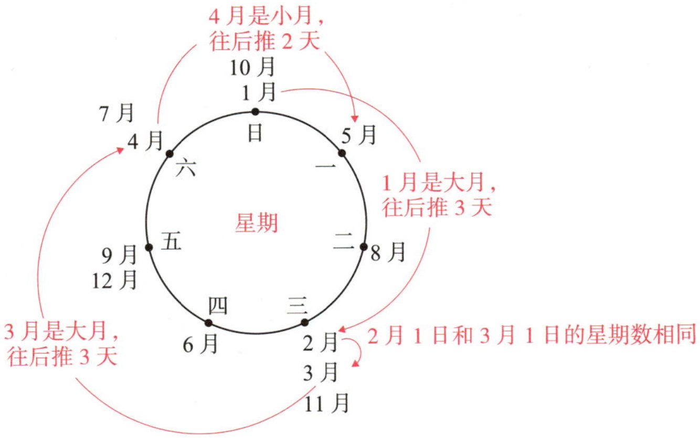

题中月历的 1 日是星期一，依据上图可知此月历是 5 月的月历。上图被称作“罗盘历”。

点拨

星期数可以根据日期数除以 7 的余数来计算。

休息区

趣味数学 4　汉诺塔

这次给大家介绍一款名为“汉诺塔”的益智游戏。如下图所示，架子上有 3 根柱子，其中的一根柱子上摞有圆盘，要求依照下面的规则，将圆盘全部转移到另一根柱子上。

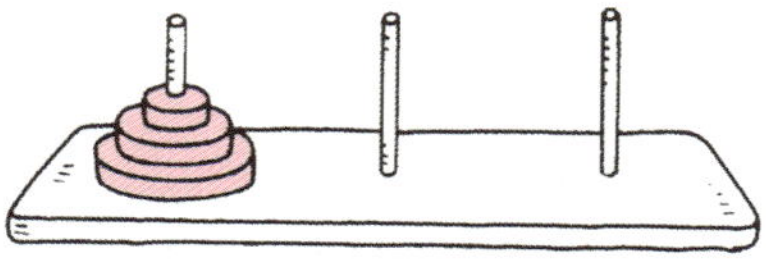

游戏规则：

①每次操作只能移动 1 个圆盘。

②圆盘不能放在比它小的圆盘之上。

③尽可能减少圆盘移动的次数。

由此，如下所示，如果是两个圆盘，3 步就能完成转移。

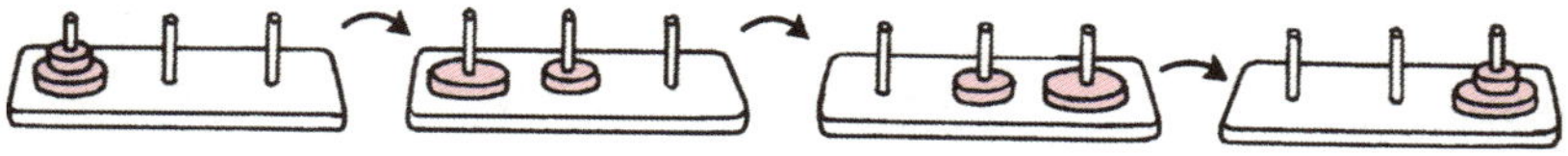

请回答以下问题。

（1）3 个圆盘时，至少需要多少步才能完成转移？

（2）4 个圆盘时，至少需要多少步才能完成转移？

（3）5 个圆盘时，至少需要多少步才能完成转移？

回答：

答案：(1) 7 步 (2) 15 步 (3) 31 步

N 个圆盘时，利用转移步数为“(N–1) 个圆盘时的转移步数 ×2+1”的规律来求解。

(1) 3×2+1=7。

(2) 7×2+1=15。

(3) 15×2+1=31。

问题 49

一共要进行几场比赛呢？

春季和夏季在甲子园球场举行的日本高中棒球锦标赛采用的是“单淘汰制”赛制，即打到最后的队伍获得冠军。如果参赛队伍是 4 支，打到决赛一共会进行 3 场比赛，如右图所示（图中的“•”）。那么，如果参赛队伍是 8 支，一共要进行多少场比赛才能决出冠军呢？如果是 32 支呢？

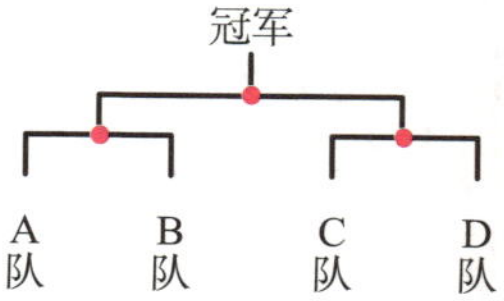

回答：

答案：8 支队伍要进行 7 场比赛；32 只队伍要进行 31 场比赛

8 支队伍的情况下，第一轮要进行

8 支队伍 ÷2 支队伍 =4（场比赛）

第二轮要进行

4 支队伍 ÷2 支队伍 =2（场比赛）

决赛要进行

2 支队伍 ÷2 支队伍 =1（场比赛）

所以

4+2+1=7（场比赛）

【其他解法 1】

当队伍数是 $2=2^1$，$4=2^2$，$8=2^3$，$16=2^4$……总之是 2 的整数次幂时，每轮比赛之后都会比上一轮少一半队伍。反过来如果从决赛往前推，则比赛场数会比前一轮多 1 倍。

例如 8 支队伍的情况：

$$8=2^3$$

包括决赛在内有 3 轮比赛。由此，全部比赛的场数是

1+2+4=7

【其他解法 2】

1 场比赛会输掉 1 支队伍。8 支队伍参赛，最终获胜的队也只有 1 支。其他 7 支队伍都输了，冠军也就决出来了。7 支队伍依次输掉就得有 7 场比赛。

点拨

淘汰赛的全部比赛场数 = 队伍数 −1。

问题 50

设乘积小于 6

有大、中、小骰子各 1 个。同时投掷这 3 个骰子，结果大号骰子是 3 点，中号骰子是 4 点，小号骰子是 2 点，所有点的乘积是 3×4×2=24。问同时投掷 3 个骰子，点数的乘积小于 6 的情况有几种？

回答：

答案：25 种

当骰子是 3 个时，我们先用其中的 2 个做一张“六六表”。

积		中号骰子的点数					
		1	2	3	4	5	6
小号骰子的点数	1	1	2	3	4	5	6
	2	2	4	6	8	10	12
	3	3	6	9	12	15	18
	4	4	8	12	16	20	24
	5	5	10	15	20	25	30
	6	6	12	18	24	30	36

基于这张表，从中选出乘积小于 6 的，再乘上大号骰子的点数。

积		中号骰子的点数					
		1	2	3	4	5	6
小号骰子的点数	1	1	2	3	4	5	6
	2	2	4	6	8	10	12
	3	3	6	9	12	15	18
	4	4	8	12	16	20	24
	5	5	10	15	20	25	30
	6	6	12	18	24	30	36

小号和中号骰子的积为 1 时，大号骰子的点数从 1 到 6，有 6 种。

小号和中号骰子的积为 2 时，大号骰子的点数从 1 到 3，有 3 种。

小号和中号骰子的积为 3 时，大号骰子的点数从 1 到 2，有 2 种。

小号和中号骰子的积大于 4、小于 6 时，大号骰子的点数是 1，有 1 种。

$$6\text{种} \times 1 + 3\text{种} \times 2 + 2\text{种} \times 2 + 1\text{种} \times 9 = 25\text{种}$$

点拨

关于骰子问题，利用“六六表”来解，会比较容易理解。

问题 51

涂色是你的强项吗？（之一）

日本四国地区有香川县、德岛县、爱媛县和高知县 4 个县。我们在地图上给这 4 个县涂上颜色以示区分。既然是为了区分，那么相邻的两个县就不能涂成相同的颜色。例如，下图中相邻的爱媛县和高知县就被涂成了同样的颜色，这是错误的涂法。

错误示例

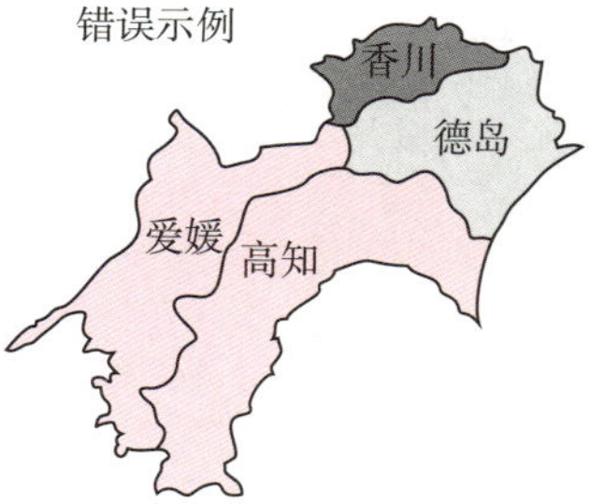

请回答以下问题：

（1）如果用红、蓝、黄、绿 4 种颜色，一共有多少种涂法？

（2）如果用红、蓝、黄 3 种颜色，一共有多少种涂法？

回答：

答案与解析 ▶ 问题 52

（1）答案：24 种

先把与 3 个县都相邻的德岛县涂成红色，会有如下 6 种涂法。

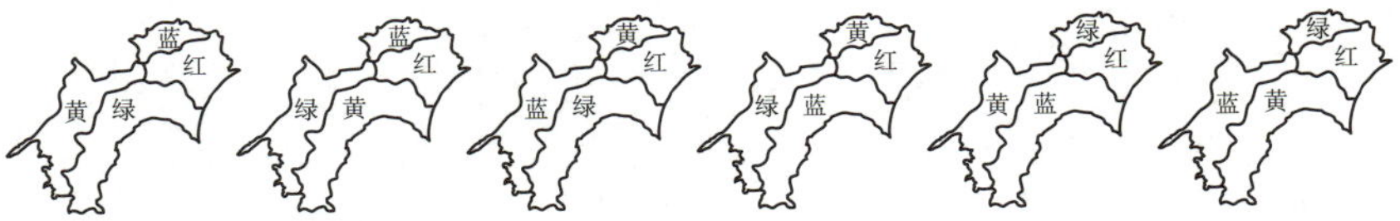

如果把德岛县依次涂成蓝、黄或绿色，会再各有 6 种涂法，所以，涂法一共有

$$6 \times 4 = 24\text{（种）}$$

【其他解法 1】

我们用树形图代替地图。

德岛	香川	爱媛	高知
红	蓝	黄	绿
		绿	黄
	黄	蓝	绿
		绿	蓝
	绿	黄	蓝
		蓝	黄

【其他解法 2】

给 4 个县涂上不同的颜色，涂法有

$$4 \times 3 \times 2 \times 1 = 24\text{（种）}$$

（2）答案：6 种

因为只有 3 种颜色，所以不相邻的香川县和高知县会使用相同的颜色。

香川 高知	德岛	爱媛
红	蓝	黄
	黄	蓝

$$2 \times 3 = 6\text{（种）}$$

点拨

“树形图”是解答排列组合题的方法之一。

问题 52

涂色是你的强项吗？（之二）

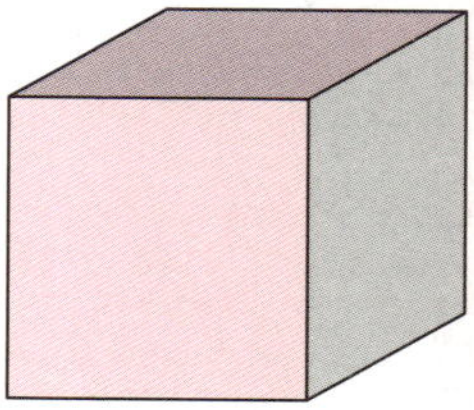

有一个 6 个面都是白色的立方体。请回答以下问题。

（1）用红色、黄色和蓝色涂刷立方体表面，要求相邻的面不能是相同的颜色。共有几种涂法？

（2）用 4 种不同的颜色涂刷立方体表面，要求相邻的面不能是相同的颜色。共有几种涂法？

答案与解析 ▶ 问题 52

（1）答案：1 种

用 3 种颜色刷 6 个面，势必相对的两个面会刷上同样的颜色。假设立方体是放在地上的，接地的面作为“底”，从这个面开始上色，如图所示，只有一种涂刷方法。

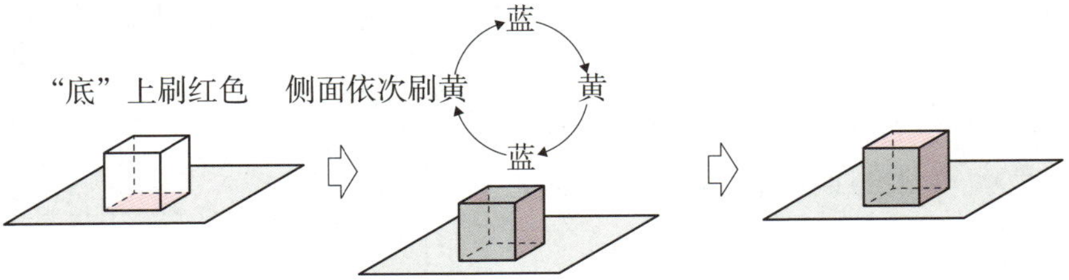

（2）答案：6 种

6 个面刷 4 种颜色，其中定会有 2 种颜色出现在 2 组相对的面上，另外 2 种颜色则刷在剩下的 2 个面上。假设 4 种颜色为红、蓝、黄、绿，立方体放在地上，侧面刷红色和蓝色，如下图所示。

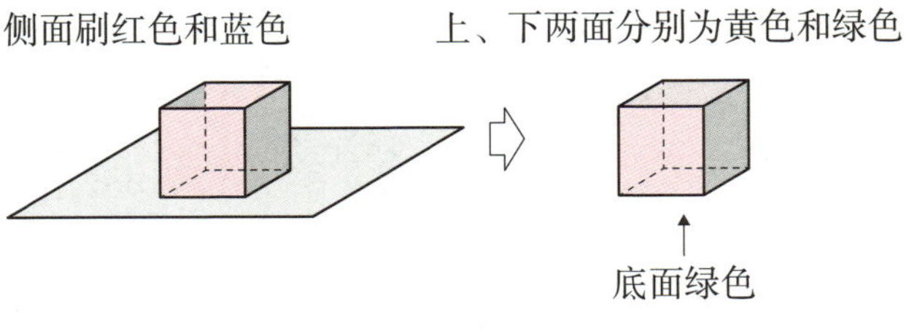

因此，根据“双面双色”的道理就可以得出答案。如（红，蓝）、（红，黄）、（红，绿）、（蓝，黄）、（黄，绿）共 6 种。

* 也可以利用算式计算：$C_4^2=\frac{4\times 3}{2\times 1}=6$。

点拨

选定一个面作为基准，对于正确解题来说至关重要。

问题 53

不找零，能买到几种价位的东西？

小茜的钱包里有 50 元的纸币 1 张、10 元的纸币 4 张、5 元的纸币 1 张、1 元的纸币 3 张，共计 98 元。请回答下面的问题。

（1）在不找零的前提下，可以买几种价位的东西？（0 元除外）

小茜买 14 元的东西时，没看到那张 5 元的纸币，所以用了 2 张 10 元的纸币，找回来 6 元，分别是 5 元和 1 元的纸币各 1 张。

（2）现在小茜的钱包里有 84 元。在不找零的前提下，可以买几种价位的东西？（0 元除外）

回答：

（1）答案：79 种

10 元以内的商品可以买 0 元，1 元，2 元，3 元，5 元，6 元，7 元，8 元等 8 种价位的。

50 元纸币的支付方法有 0 张和 1 张共 2 种，10 元纸币的支付方法有 0 张，1 张，2 张，3 张，4 张共 5 种，所以

$$2 \times 5 \times 8=80（种）$$

除去 0 元的支付方式，就是

$$80-1=79（种）$$

【其他解法】

如果有 4 张 1 元的纸币，就可以以 1 元为单位买 10 到 99 元以内所有价位的东西。但是，现在只有 3 张 1 元的纸币，所以不能买到低于 10 元的 4 元、9 元的东西。于是有

$$99-2 \times 10=79（种）$$

（2）答案：69 种

小茜买 10 元的东西有两种支付方式，一种是用 1 张 10 元的纸币，另一种是用 2 张 5 元的纸币，这样就会产生重复。于是，将 2 张 10 元的纸币看成 4 张 5 元的纸币，相当于小茜的钱包里有 1 张 50 元的纸币、6 张 5 元的纸币和 4 张 1 元的纸币。所以

$$2 \times 7 \times 5-1=69（种）$$

点拨

有 1 张 5 元的纸币、2 张 1 元的纸币时，可以用树形图表示如下。用“2×3−1”的算式即可求解。

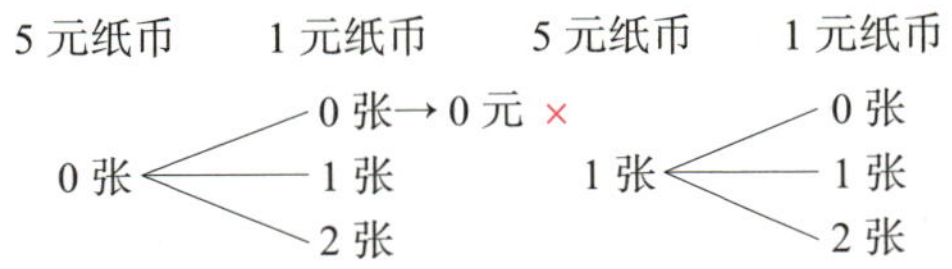

问题 54

□ × □ =5，求□

（1）请在下图中画出一个面积为 5 cm^2 的正方形。

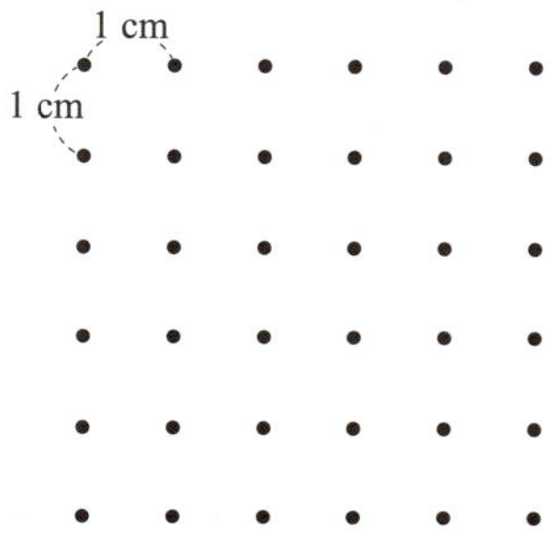

（2）从下图的 25 个点中选择 4 个，用直线连接成一个正方形。问一共能画出多少个不同面积的正方形？

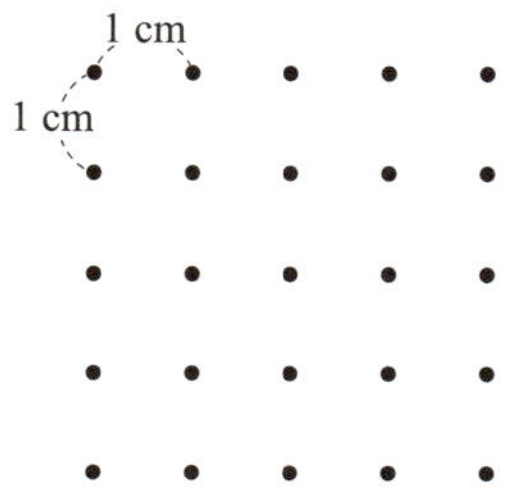

回答：

（1）答案：见下图

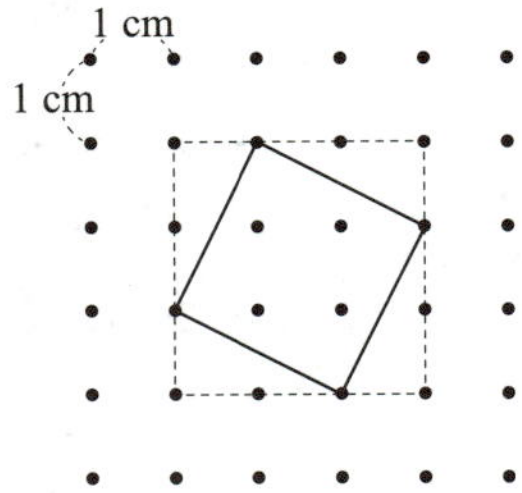

（方向和位置不同，只要符合条件都算正确。）

5 cm^2 的正方形，比 4 cm^2 的大，比 9 cm^2 的小，所以可以在边长为 3 cm 的正方形范围中画。图中虚线正方形的面积是

$$3\ cm \times 3\ cm = 9\ cm^2$$

从这里取 4 个底边为 2 cm，高为 1 cm 的直角三角形（面积 1 cm^2），就可以画出

$$9\ cm^2 - 1\ cm^2 \times 4 = 5\ cm^2$$

的正方形。

点拨

如果是初中数学，可以列出"$x^2=5$，$x=\pm\sqrt{5}$"求值。但是，小升初的数学不会使用无理数，也找不到哪个整数或分数适合□ × □ =5 的□。本题的"换个角度"的思维方式，是小升初数学中的常见功夫之一。

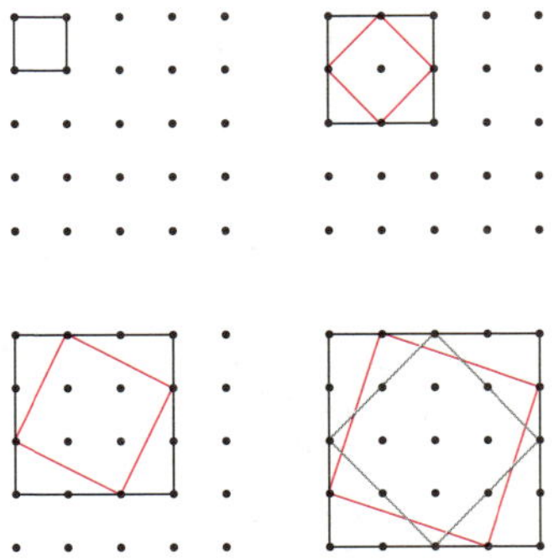

（2）答案：8 个

参考（1），考虑从边长 1 cm，2 cm，3 cm，4 cm 的正方形中各去除 4 个直角三角形。

问题 55

谁当选了？

史先生居住的镇上要选出 3 名在庆典活动的花车上击鼓的“幸运儿”，自治会投票进行中。有 6 名候选人，总票数是 50 票。请回答以下问题。

（1）若想当选，必须获得多少张选票？

（2）下表是开票过程的一部分。问在此节点可以看出谁当选了吗？如果能，这个人是谁？

	A	B	C	D	E	F	合计
票数 / 张	11	8	3	9	7	4	42

回答：

（1）答案：13 票

前 3 名都能当选，所以只要不排在第 4 及以下就会被选上。

50 票 ÷4（人）=12.5 票≈ 13 票

（2）答案：可以，A

50 票 –42 票 =8 票

剩余 8 票。若 A 排到第 4 位，意味着他会被 B、D、E 超越，如下图所示。

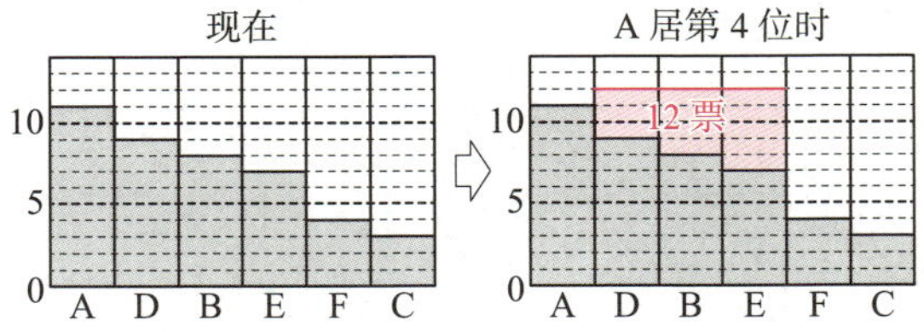

但是，现在剩下的票数只有 8 票，所以 A 不可能排到第 4 位。

另一方面，看看现在排第 2 位的 D，如下图所示，如果剩下的 8 票中的 5 票投给 B 和 E，那他就排在第 4 位了，所以不一定会被选上。

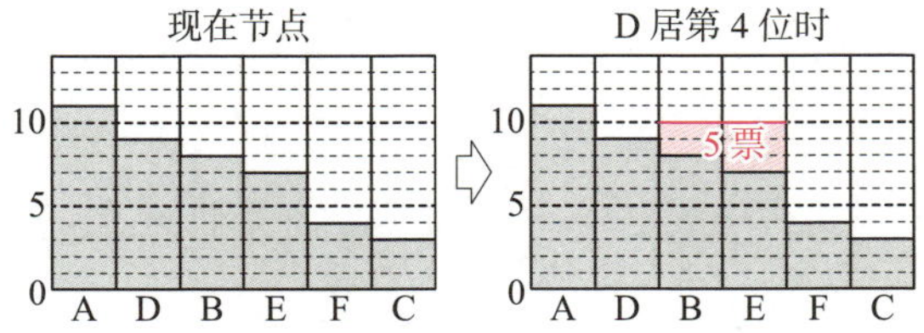

点拨

当选所需票数 > 总票数 ÷（当选人数 +1）。

问题 56

不能买的是多少金币的东西？

小茜手上有许多张“3 金币”和“8 金币”的购物券。如果只使用购物券，那么，买所有 3 金币的东西都是不用找零的，但是买 1 金币的东西就会出现 2 金币的找零。问“3 金币”“8 金币”的购物券无论怎么组合都会出现找零的最贵的东西是多少金币的？

回答：

答案：13 金币

购物券的面额是“3 金币”和“8 金币”，将小于它们的最小公倍数 24 金币的所有金币数全部列在表里。表中的红字金额表示可以只用“8 金币”购物券支付的，它下面的是可以用“8 金币”和“3 金币”购物券混合支付的。表中的加粗金额表示可以只用“3 金币”购物券支付，它下面的也是可以只用“3 金币”购物券支付的。也就是说，表中红框内的金额都是可以用购物券支付不需要找零的，那么，需要找零的最贵的物品就是 13 金币的了。

1金币	2 金币	**3 金币**
4 金币	5 金币	**6 金币**
7 金币	8 金币	**9 金币**
10 金币	11 金币	**12 金币**
13 金币	14 金币	**15 金币**
16 金币	17 金币	**18 金币**
19 金币	20 金币	**21 金币**
22 金币	23 金币	**24 金币**

点拨

在上面这种情况下，也可以用下表来求解。

单位：金币

1	2	3	4	5	6	7	8
9	10	11	12	13	14	15	16
17	18	19	20	21	22	23	24

休息区

趣味数学 5　什么颜色？

史先生给小茜、东东和娜娜展示了 3 顶红色帽子和 2 顶蓝色帽子。然后让小茜、东东和娜娜面对自己站成一列，从后往前给他们每人戴上一顶帽子，前面的人不知道自己后面的人的帽子的颜色。小茜的前面只有史先生，东东能看到他前面的小茜的帽子，娜娜能看到其他两人的帽子。

史先生：娜娜，你知道自己的帽子是什么颜色吗？

娜　娜：我不知道。

史先生：东东呢？

东　东：我也不知道。

史先生：小茜呢？

小　茜：娜娜和东东都不知道……那，我知道了。

请问小茜的帽子是什么颜色的？

回答：

娜娜回答“不知道”的情况有以下 3 种。

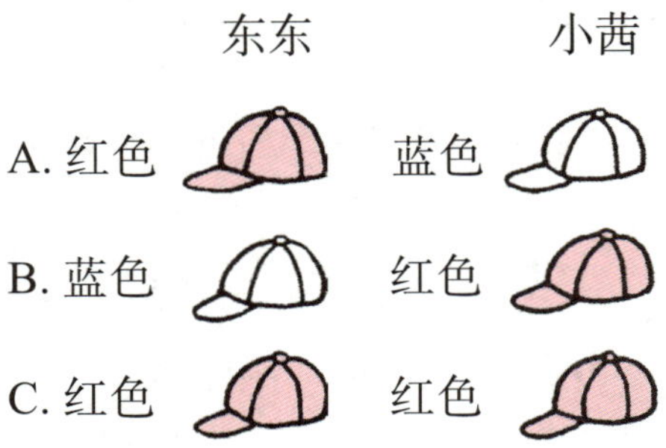

如果小茜戴着蓝色帽子，那么东东就该是 A 的情况，但是东东也说“不知道”（可能是 B 或 C 的情况），那么小茜的帽子肯定是红色的。

第六章 公式和计算

问题 57

加法队和减法队一决胜负！

算式“6+3”可以编成“公园里有 6 个孩子，又来了 3 个孩子，一共有多少个孩子？”之类的应用题。请将下面的算式编成一道类似的应用题，并作答。

$$10-12+8-5$$

回答：

答案：仅供参考

“某人带着 10 元钱去买东西。他看上了东西 A，但是要 12 元，于是先付了 10 元，回家取了 8 元来，再用找的钱买了一件 5 元的东西 B，问最后还剩下多少钱？”

口袋里的钱一共是

10 元 +8 元 =18 元

买东西花掉的钱一共是

12 元 +5 元 =17 元

因此，原算式“10–12+8–5”可以像下面这样改变原来的顺序进行计算。

$$
\begin{aligned}
10-12+8-5&=(10+8)-(12+5)\\
&=18-17\\
&=1
\end{aligned}
$$

点拨

加减法算式中，加减的顺序可以重新排列，如“所有要加起来的数之和 – 所有要减去的数之和”。

问题 58

改为假分数?

请计算:

(1) $4\frac{1}{2}-\frac{5}{6}$

(2) $2\frac{3}{4}\times 8$

(3) $12\frac{1}{3}\div 6$

回答:

答案与解析 ▸ 问题58

答案：（1）$3\frac{2}{3}$　（2）22　（3）$2\frac{1}{18}$

（1）如下图所示，将 4 分解成 3 和 1 进行计算。

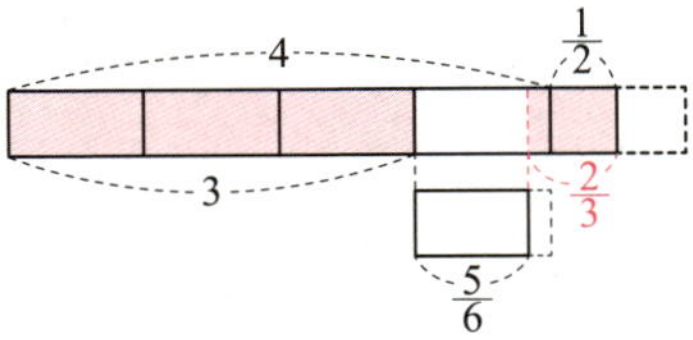

（2）如下图所示，分解为 2 和$\frac{3}{4}$，然后进行乘法运算。

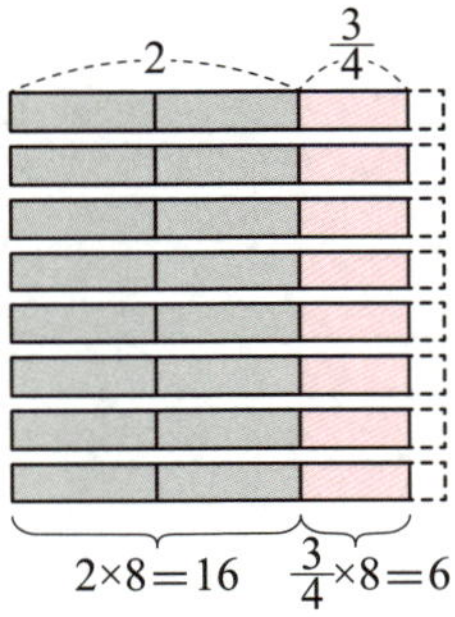

（3）如下图所示，分解为 12 和$\frac{1}{3}$，然后进行除法运算。

$$12\frac{1}{3}\div 6 = 12\div 6+\frac{1}{3}\div 6$$

$$= 2+\frac{1}{18}$$

$$= 2\frac{1}{18}$$

点拨

假分数可以先分解成整数和真分数之和，再进行计算。

问题 59

通分也不要乘起来！

请计算：

$$\frac{4}{7} \div \left[\left(\frac{1}{7}+\frac{1}{11}\right) \div 4.5\right]$$

回答：

答案：11

可以进行如下换算。

$$\frac{4}{7} \div \left[\left(\frac{1}{7}+\frac{1}{11}\right) \div 4.5\right]$$

$$\frac{1}{7}+\frac{1}{11} \rightarrow \frac{11+7}{7\times11} \qquad 4.5 \rightarrow \frac{9}{2}$$

$$\frac{\overset{2}{\cancel{18}}}{7\times11} \times \frac{2}{\cancel{9}} = \frac{2\times2}{7\times11}$$

$$\frac{\cancel{4}}{\cancel{7}} \times \frac{\cancel{7}\times11}{\cancel{2\times2}} = 11$$

点拨

通分后，保持分母的乘法形式继续进行计算。

问题 60

转换思维顺序试试看？

在下面的□中填入数字，完成竖式。

（1）

```
   5□57□
 + □84□8
 -------
   82□63
```

（2）

```
   □8□56□
 -  83□54
 --------
   4□73□8
```

回答：

答案：参考如下解法

（1）从个位开始依次考虑。

$$\begin{array}{r} 5\ \square\ 5\ 7\ \boxed{5} \\ +\ \square\ 8\ 4\ \square_1\ 8 \\ \hline 8\ 2\ \square\ 6\ 3 \end{array} \Rightarrow \begin{array}{r} 5\ \square\ 5\ 7\ 5 \\ +\ \square\ 8\ 4_1\ \boxed{8}_1\ 8 \\ \hline 8\ 2\ \square\ 6\ 3 \end{array} \Rightarrow \begin{array}{r} 5\ \square\ 5\ 7\ 5 \\ +\ \square\ 8_1\ 4_1\ 8_1\ 8 \\ \hline 8\ 2\ \boxed{0}\ 6\ 3 \end{array}$$

$$\Rightarrow \begin{array}{r} 5\ \boxed{3}\ 5\ 7\ 5 \\ +\ \square_1\ 8_1\ 4_1\ 8_1\ 8 \\ \hline 8\ 2\ 0\ 6\ 3 \end{array} \Rightarrow \begin{array}{r} 5\ 3\ 5\ 7\ 5 \\ +\ \boxed{2}_1\ 8_1\ 4_1\ 8_1\ 8 \\ \hline 8\ 2\ 0\ 6\ 3 \end{array}$$

（2）换成加法会更容易计算。

$$\begin{array}{r} \square\ 8\ \square\ 5\ 6\ \square \\ -\ \ 8\ 3\ \square\ 5\ 4 \\ \hline 4\ \square\ 7\ 3\ \square\ 8 \end{array} \Rightarrow \begin{array}{r} 4\ \square\ 7\ 3\ \square\ 8 \\ +\ \ 8\ 3\ \square\ 5\ 4 \\ \hline \square\ 8\ \square\ 5\ 6\ \square \end{array}$$

$$\Rightarrow \begin{array}{r} 4\ \boxed{9}\ 7\ 3\ \boxed{0}\ 8 \\ +\ {}_1\ 8_1\ 3\ \boxed{2}\ 5_1\ 4 \\ \hline \boxed{5}\ 8\ \boxed{0}\ 5\ 6\ \boxed{2} \end{array} \Rightarrow \begin{array}{r} 5\ 8\ 0\ 5\ 6\ 2 \\ -\ \ 8\ 3\ 2\ 5\ 4 \\ \hline 4\ 9\ 7\ 3\ 0\ 8 \end{array}$$

点拨

把需要填空的减法算式换成加法能更好地避免计算中的错误。

问题 61

糟了，看漏了！（之一）

小茜和东东计算了以下算式：

$$1+2+3+4+5+6+7+8+9$$

请回答下面的问题。

（1）小茜没有注意到 9 前面的加号，所以把“1+2+3+4+5+6+7+8+9”计算成了“1+2+3+4+5+6+7+89”。求正确答案和小茜的答案之差。

（2）东东看漏了某个数字前面的加号，导致他的答案与正确答案相差 36。请问东东忽略了哪个数字前面的加号？

回答：

（1）答案：72

小茜的答案是 117。正确答案是 45。

117–45=72

【其他解法】

小茜把“+8+9”看成了“+89”，所以与正确答案的差是

80–8=72

（2）答案：5

利用（1）的“其他解法”的思路去解。

假设看漏的是“+ ★ + □”中“□”前的加号，也就是加了一个大小为“★”的 10 倍的数，因此答案会比正确答案大“★”的 9 倍。

36 ÷ 9=4

由此可知东东看漏的是 5 前面的加号。

点拨

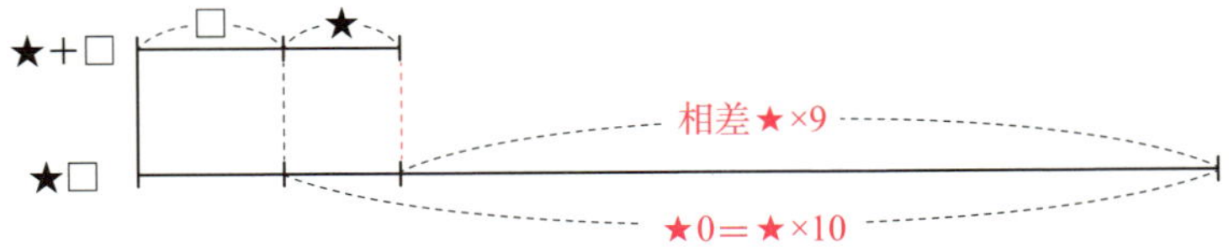

问题 62

糟了，看漏了！（之二）

请回答以下问题。

（1）小茜做了一道计算题，答案是一位小数，但是小茜在写答案的时候不小心忘了写小数点，对照答案后，发现她的答案比正确答案大了 86.4。请问正确答案是多少？

（2）东东做了一道计算题，但是在写答案的时候不小心忘了写小数点，因此，东东的答案比正确答案大了 231.66。请问正确答案是多少？

回答：

（1）答案：9.6

一位小数，如果忘记写小数点，会变为原数的 10 倍。比如 2.5，没有小数点就是 25。

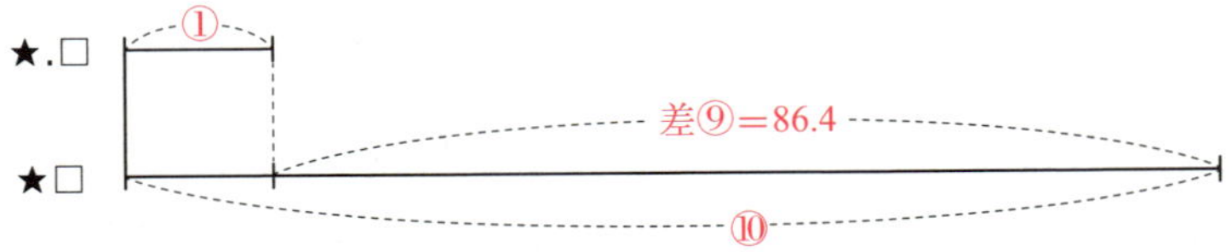

根据以上线段图，得出正确答案是

$$86.4 \div 9=9.6$$

（2）答案：2.34

2.5 忘记写小数点就会变成整数 25，错误答案（整数）－正确答案（小数点后有★位）= 差（小数点后有★位）。

在（2）中，整数－正确答案 =231.66，小数点后有 2 位，所以正确答案也是一个两位小数，错误答案是正确答案的 100 倍。

$$231.66 \div (100-1)=2.34$$

点拨

如果忘记写小数点，则小数将变为整数。

问题 63

让和相等！

在下图三角形的各圆圈中填入整数 1—6，使各条边上的数字之和相等。

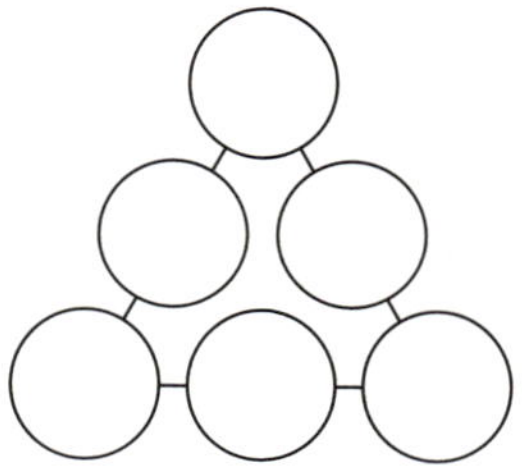

（1）在①三角形的空白圆圈中填入数字 4—6，使各条边上的数字之和相等。

（2）在②三角形的圆圈中填入数字 1—6，使各条边上的数字之和等于 10。

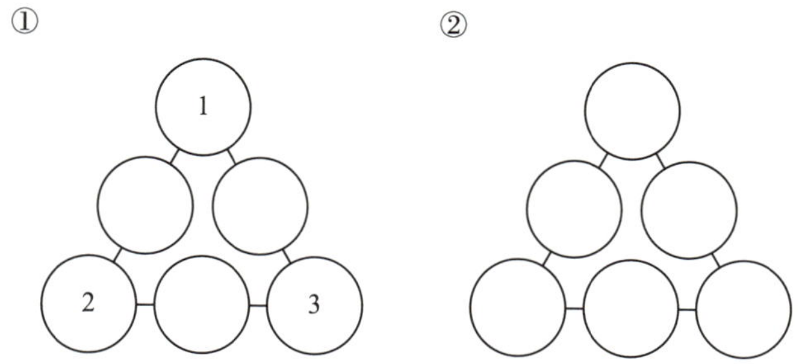

回答：

答案：（1）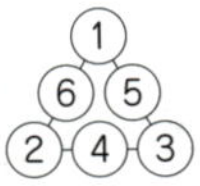（2）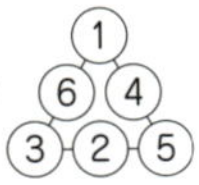

（1）如下图所示，将三角形 3 条边的和分别设为 a，b，c，整理成线段图后可知空白处分别是 6，4，5。

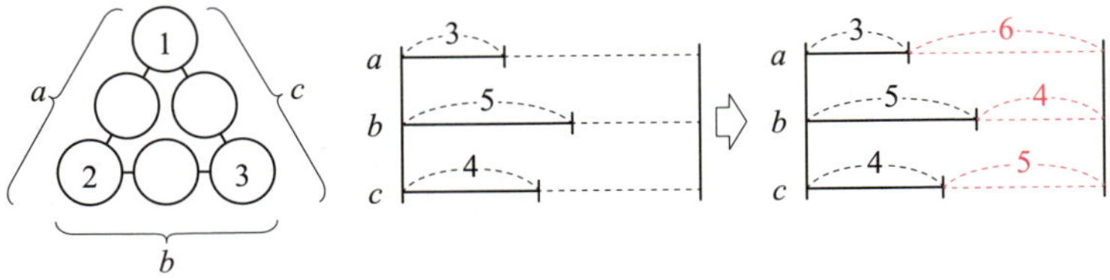

（2）如下图所示，三角形 3 条边之和分别设为 a，b，c，则

$$a+b+c=30$$

1 到 6 的所有整数之和为 21，由此可知 A，B，C 的和是

$$30-21=9$$

仔细观察"9=1+2+6""9=1+3+5""9=2+3+4"3 个算式，就可以找出答案。（旋转或翻转后与答案相同的，也算正确。）

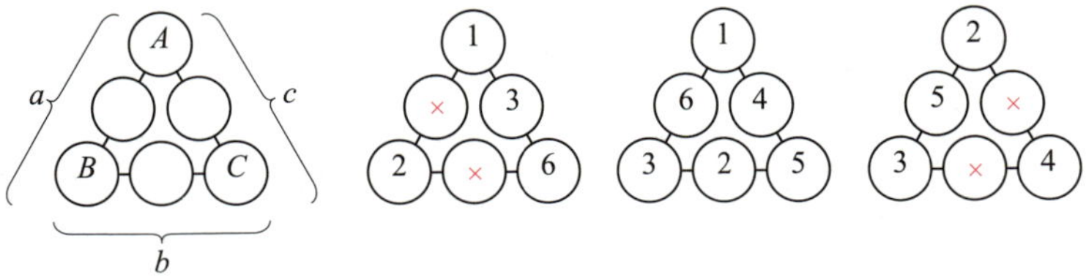

点拨

此类型题求解时要特别留意填入的整数之和以及避免重复。

问题 64

一眨眼的工夫?!（之一）

请回答下面的问题。

（1）比较①正方形和②长方形的面积，哪个大？大了多少？

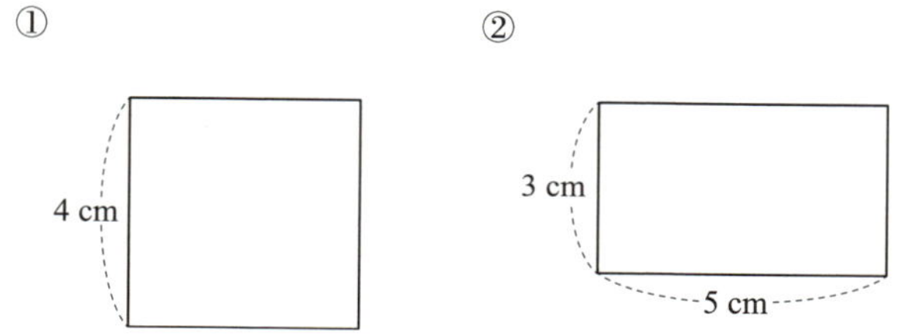

（2）请计算下面的算式。

$$2017 \times 2017 - 2016 \times 2018$$

回答：

（1）答案：正方形，1cm^2

正方形的面积为

$$4\text{ cm}\times 4\text{ cm}=16\text{ cm}^2$$

长方形的面积为

$$3\text{ cm}\times 5\text{ cm}=15\text{ cm}^2$$

（2）答案：1

如果把算式转换成图形，相当于求边长为 2017 的正方形与长和宽分别是 2018 和 2016 的长方形的面积差。可通过重叠两个图形来求差。

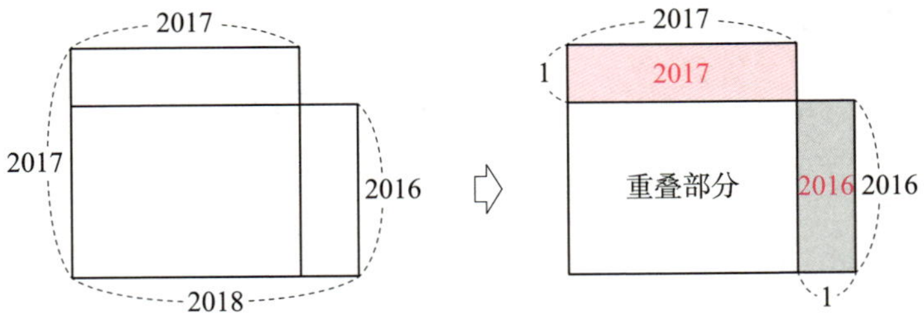

从上图可知

正方形面积 – 长方形面积

=（2017+ 重叠部分）–（2016+ 重叠部分）

= 1

点拨

乘法可以转换为求取图形面积。

问题 65

一眨眼的工夫?! (之二)

请计算下列算式。

(1) ① $\frac{1}{2}-\frac{1}{3}$

② $\frac{1}{3}-\frac{1}{4}$

(2) $\frac{1}{2}+\frac{1}{6}+\frac{1}{12}+\frac{1}{20}+\frac{1}{30}+\frac{1}{42}$

回答:

答案与解析 ▶ 问题65

答案：(1) ① $\frac{1}{6}$ ② $\frac{1}{12}$ (2) $\frac{6}{7}$

(1) ① $\frac{1}{2}-\frac{1}{3}=\frac{3}{2\times3}-\frac{2}{2\times3}=\frac{1}{6}$

② $\frac{1}{3}-\frac{1}{4}=\frac{4}{4\times3}-\frac{3}{4\times3}=\frac{1}{12}$

(2) 利用 (1)。

$$
\begin{aligned}
\frac{1}{2} &= \frac{1}{1}-\frac{1}{2}\\
\frac{1}{6} &= \frac{1}{2}-\frac{1}{3}\\
\frac{1}{12} &= \frac{1}{3}-\frac{1}{4}\\
\frac{1}{20} &= \frac{1}{4}-\frac{1}{5}\\
\frac{1}{30} &= \frac{1}{5}-\frac{1}{6}\\
+\quad \frac{1}{42} &= \frac{1}{6}-\frac{1}{7}\\
\hline
&\quad \frac{1}{1}-\frac{1}{7}=\frac{6}{7}
\end{aligned}
$$

点拨

此方法为“部分分式分解”。

问题 66

□里填什么？

下列算式中的□里的数字相同，请问这个数字是什么？

$$11\frac{2}{3}\times\left(\square\times1.75+\square\div\frac{5}{9}+25\right)\div\frac{5}{9}+1=2017$$

回答：

答案：20

$$11\frac{2}{3} \times \left(\square \times 1.75 + \square \div \frac{5}{9} + 25\right) \div \frac{5}{9} + 1 = 2017$$

把带分数和小数写成分数形式，把除法转化为乘法。

$$\frac{35}{3} \times \left(\square \times \frac{7}{4} + \square \times \frac{9}{5} + 25\right) \times \frac{9}{5} + 1 = 2017$$

为便于计算，假设□为分母 4 和 5 的最小公倍数 20 的倍数，用 ⑳ 来表示。

$$\frac{35}{3} \times \left(\textcircled{20} \times \frac{7}{4} + \textcircled{20} \times \frac{9}{5} + 25\right) \times \frac{9}{5} = 2016$$

将等号左侧约分。

$$\frac{\overset{7}{\cancel{35}}}{\underset{1}{\cancel{3}}} \times \left(\overset{\textcircled{5}}{\cancel{\textcircled{20}}} \frac{7}{\underset{1}{\cancel{4}}} + \overset{\textcircled{4}}{\cancel{\textcircled{20}}} \frac{9}{\underset{1}{\cancel{5}}} + 25\right) \times \frac{\overset{3}{\cancel{9}}}{\underset{1}{\cancel{5}}} = 2016$$

$$7 \times (\textcircled{35} + \textcircled{36} + 25) \times 3 = 2016$$

【其他解法】

也可利用乘法分配律求解。

$$\frac{35}{3} \times \left[\square \times \left(\frac{7}{4} + \frac{9}{5}\right) + 25\right] \times \frac{9}{5} = 2016$$

点拨

求解□中的数时，假定□为分母的倍数，会更容易计算。

问题 67

998 比 1000 小 2

请计算下面的算式。

$$2017 \times 998 + 4034$$

回答：

答案：2017000

$$
\begin{aligned}
& 2017\times 998+4034 \\
= & 2017\times 998+2017\times 2 \\
= & 2017\times (998+2) \\
= & 2017\times 1000 \\
= & 2017000
\end{aligned}
$$

点拨

有些计算题可以利用乘法结合律来简化求解。

问题 68

分解乘法算式会怎样?

请计算下面的算式。

$$434 \times 123 + 433 \times 301 + 432 \times 576$$

回答:

答案：432547

算式中只有乘法运算时，即使将运算顺序重排，如 5×3=3×5，结果也不会变。此外，乘法还可以分解为加法，如 3×5=3+3+3+3+3。利用这两个规律，可以将所求算式分别改写为：

$$434\times123=123\times434=123\times432+123+123$$

$$433\times301=301\times433=301\times432+301$$

$$432\times576=576\times432$$

笔算过程如下。

$$
\begin{array}{lll}
 & \overbrace{123+123+\cdots+123}^{432\text{个}} & +123+123 \\
 & 301+301+\cdots+301 & +301 \\
+ & 576+576+\cdots+576 & \\
\hline
 & (123+301+576)\times432 & +547 \\
= & 1000\times432 & +547 \\
= & 432547 &
\end{array}
$$

点拨

在做数学计算题的时候，一定要想想："有什么窍门儿呢？怎样计算更容易？"数学中不仅有单纯考查计算能力的题目，还有像本题这样可以巧解的题目。培养分辨试题到底在考什么的洞察力，以及计算能力和解决问题的能力都非常重要。

休息区

趣味数学 6　过河

很久很久以前，河边住着一个农夫。农夫领着他贪吃的狗和顽皮的猫，带着饭准备去河对岸的农田。可是渡船太小，农夫只能和狗、猫、饭的 1 个一起过河。但是，如果农夫不在，狗会吃了饭，猫会欺负狗。请问农夫应该怎样安排过河顺序，每次和哪样一起过河，才能顺利地把狗、猫、饭都带到河对岸去？

回答：

	河边	船	农田
开始	农夫、狗、猫、饭		
第一次	猫、饭	农夫、狗→	
第二次	猫、饭	农夫←	狗
第三次	饭	农夫、猫→	狗
第四次	饭	农夫、狗←	猫
第五次	狗	农夫、饭→	猫
第六次	狗	农夫←	猫、饭
第七次		农夫、狗→	猫、饭
结束			农夫、狗、猫、饭

* 把猫和饭的顺序换一下也是可以的。

第七章

数的性质

问题 69

老奶奶今年多少岁？

小强："奶奶，生日快乐！这是送给你的礼物。"
奶奶："谢谢，谢谢！能得到大家的祝福，我很开心。"
小强："对了，奶奶今年多少岁了呀？"
奶奶："你猜猜看。"
小强："嗯！我记得你庆祝过 70 岁生日。"
奶奶："是啊！那时大家也都来庆祝了。"
小强："但是还没有庆祝过 100 岁大寿……奶奶给我点提示吧。"
奶奶："我的年龄是一个奇数，各位数加起来是 9。"
小强："哇！这么明显的提示，太谢谢啦！我好像知道了。"
请问奶奶今年多少岁？

回答：

答案：81 岁

“各位数之和为 9”的整数一定是 9 的倍数。奶奶的年龄范围是 70—99 岁，其中 9 的倍数有 72，81，90 和 99。只有 81 同时满足“奇数”与“各位之和为 9”两个条件。

点拨

假设一个两位整数的十位数是 A，个位数是 B，这个两位整数可以表示为 $10\times A+B$。例如，43 可表示为 $10\times 4+3$。

$10\times A$ 等于 A 个 10 相加，所以除以 9 得到的余数就是 A。例如：

$$
\begin{aligned}
10\times 4&=10+10+10+10\\
&=(9+1)+(9+1)+(9+1)+(9+1)\\
&=9\times 4+4
\end{aligned}
$$

因此，$10\times A+B$ 除以 9 的余数为 $A+B$。

如果余数为 0，则两位整数 $10\times A+B$ 可以被 9 整除。

同理，三位整数可以表示为 $100\times A+10\times B+C$。

$$
\begin{aligned}
100\times A+10\times B+C&=99\times A+A+9\times B+B+C\\
&=(99\times A+9\times B)+A+B+C
\end{aligned}
$$

因此，$100\times A+10\times B+C$ 除以 9 的余数为 $A+B+C$，如果余数为 0，则三位整数 $100\times A+10\times B+C$ 可以被 9 整除。

由此我们可以知道，各位数之和为 9 的倍数的整数，一定是 9 的倍数。

问题 70

可以不用笔算哦！（之一）

下面这 5 个数中，只有 1 个能被 9 整除。请找出这个数来。

123456　　234567　　345678　　456789　　567890

回答：

答案：234567

除 567890 外，其他数的个位与十万位数字之和、十位与万位数字之和、百位与千位数字之和都是一样的。

123456 各位数之和为 $7\times3=21$，不能被 9 整除。

234567 各位数之和为 $9\times3=27$，能被 9 整除。

345678 各位数之和为 $11\times3=33$，不能被 9 整除。

456789 各位数之和为 $13\times3=39$，不能被 9 整除。

567890 各位数之和为 $5\times1+15\times2=35$，不能被 9 整除。

点拨

各位数之和为 9 的倍数的整数一定是 9 的倍数。

问题 71

可以不用笔算哦！（之二）

下面这 5 个数中，只有 1 个能被 11 整除。请找出这个数来。

274036　358147　481470　569258　670369

回答：

答案：481470

计算个位、百位、万位数字之和与十位、千位、十万位数字之和的差。

247036：2+7+3=12 与 4+0+6=10 的差为 2，不能被 11 整除。

358147：3+8+4=15 与 5+1+7=13 的差为 2，不能被 11 整除。

481470：4+1+7=12 与 8+4+0=12 的差为 0，能被 11 整除。

569258：5+9+5=19 与 6+2+8=16 的差为 3，不能被 11 整除。

670369：6+0+6=12 与 7+3+9=19 的差为 7，不能被 11 整除。

点拨

奇数数位的数字之和与偶数数位的数字之和的差如果是 0 或 11 的倍数，那么这个数一定是 11 的倍数。

问题 72

余几？

2547 除以 7，余数是 6；8124 除以 7，余数是 4。那么，2547×8124 除以 7，余数是多少？

回答：

答案：3

这里可以用面积图来表示 2547×8124。

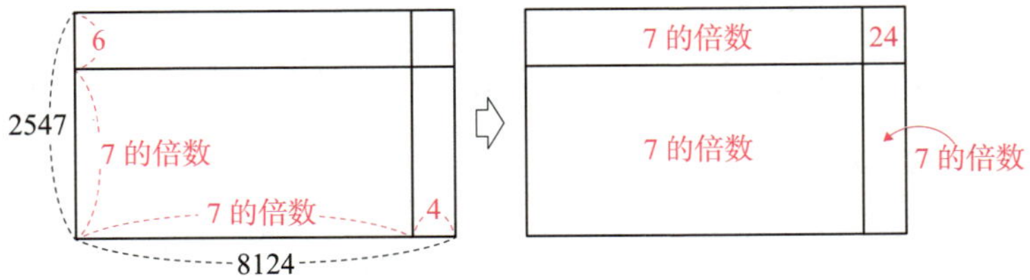

根据面积图，

$$24 \div 7 = 3 \cdots\cdots 3$$

可知 $2547 \times 8124 \div 7$ 的余数为 3。

点拨

数 A 除以★得到的余数与数 B 除以★得到的余数相乘，再除以★，所得余数与 A，B 两数的积除以★得到的余数相同。

问题 73

有几块饼干？

史先生把饼干装在袋子里售卖，从外面看不出里面装着多少块，但是附有如下说明。

- 吃掉 1 块，剩下的刚好可以 2 个人平分。
- 吃掉 2 块，剩下的刚好可以 3 个人平分。
- 吃掉 3 块，剩下的刚好可以 4 个人平分。
- 吃掉 4 块，剩下的刚好可以 5 个人平分。
- 吃掉 5 块，剩下的刚好可以 6 个人平分。
- 总数少于 60 块。

问史先生的饼干袋里共装有多少块饼干？

回答：

答案：59 块

把史先生的说明书用线段图来表示。

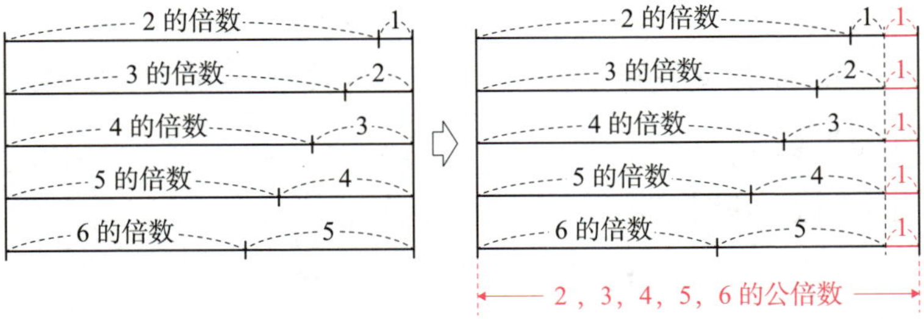

从如上线段图中可以看出，装在袋子里的饼干如果再加 1 块，不管是 2 人、3 人、4 人、5 人还是 6 人，都刚好可以平分。

由此可知，袋子里的饼干数为 2，3，4，5，6 的公倍数减 1。

2，3，4，5，6 的公倍数，即 4，5，6 的公倍数为 60 的倍数。符合 60 的倍数减 1 且小于 60 的数字只有 59。

点拨

对于“添加同一个数字就可以整除”的问题，可用公倍数减不够的（添加的）数字来求得该数字。

问题 74

有多少人参加了夏季庆典活动？

小茜和朋友们去参加夏季庆典活动时得到了一些零食，其中有113 片仙贝、266 颗棉花糖和 385 颗奶糖。大家平分之后，各种零食剩下的量都相同。请问有多少人参加了这次夏季庆典活动？

回答：

答案：17 人

我们用线段图表示零食的分配结果。

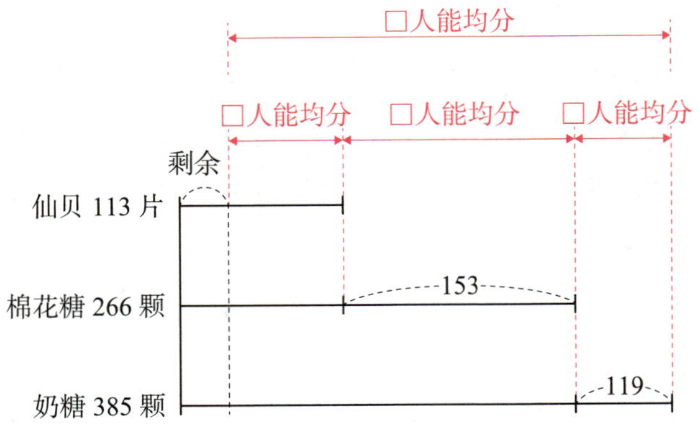

从线段图可以看出，人数是 153 和 119 的公约数，所以可以从两数之差 34 的约数 1，2，17，34 入手，求出符合条件的数。

□ =34 时，119 ÷ 34=3.5 → ×；

□ =17 时，119 ÷ 17=7 →○；

□ =2 时，119 ÷ 2=59.5 → ×；

□ =1 时，由于人数在 2 人以上，所以不符合。

点拨

“不知道数值，只知道剩下了相同的数”的问题，可利用差值的公约数求出符合条件的数。

问题 75

奶奶，祝你长寿！

小茜和家人去给奶奶祝寿。在路上，小茜从父亲那里得知了关于奶奶年龄的信息。

爸爸：“奶奶的年龄早就超过 100 岁了。”

小茜：“好厉害！”

父亲：“吉尼斯世界纪录中，目前最长寿的人是 122 岁，不过奶奶还没到那个年龄。”

小茜：“那也很了不起了。”

爸爸：“是啊。”

小茜：“奶奶今年到底多少岁呀？”

爸爸：“你来算算吧。”

说完，爸爸给了小茜一个提示：13 年前，奶奶的年龄是 7 的倍数；7 年前，奶奶的年龄是 13 的倍数。

请问，小茜的奶奶现在多大年纪？

回答：

答案：111 岁

根据小茜爸爸的提示，画一张数的直线图

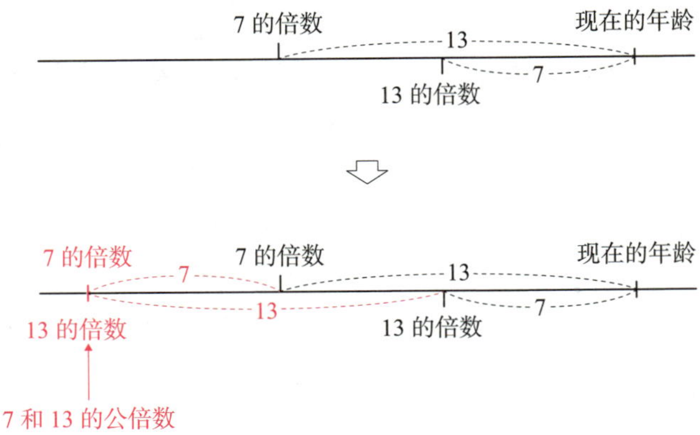

7 和 13 的最小公倍数是 91，所以奶奶现在的年龄是

91 岁 +20 岁 =111 岁

点拨

可以利用直线图或线段图寻找公倍数。

问题 76

四姐妹的年龄是多少？

娜娜在四姐妹中排行第三。如果大姐的年龄除以 2，二姐的年龄减去 2，娜娜的年龄加上 2，小妹的年龄乘以 2，她们就同岁了。另外，四姐妹的年龄之和是 45 岁。请问娜娜今年多少岁？

回答：

答案：8 岁

根据条件，如果大姐的年龄除以 2，小妹的年龄乘以 2，她们就同岁了，也就是

大姐的年龄 ÷ 2 = 小妹的年龄 × 2（2 的倍数）

如果把大姐的年龄设为④，那么

大姐的年龄④ ÷ 2 = ②

二姐的年龄 − 2 = ② → 二姐的年龄 = ② + 2

娜娜的年龄 + 2 = ② → 娜娜的年龄 = ② − 2

小妹的年龄 × 2 = ② → 小妹的年龄 = ①

4 个人的年龄之和是 45，即

④ + ② + 2 + ② − 2 + ① = 45

① = 5

5 × 2 − 2 = 8（岁）

点拨

这道应用题属于比例问题。

问题 77

乘一乘，成整数！

有 3 个分数，分别是 $1\frac{1}{4}$，$1\frac{7}{8}$ 和 $4\frac{1}{6}$。将这几个分数乘以尽可能小的同一个分数，使得每个分数都变成整数，那么应该乘以什么分数呢？

回答：

答案：$4\frac{4}{5}$（或 $\frac{24}{5}$）

设要乘的分数为 $\frac{B}{A}$。因为乘上这个分数后结果都是整数，所以结果的分母为 1。

$1\frac{1}{4}\times\frac{B}{A}=\frac{5}{4}\times\frac{B}{A}=\frac{\bigcirc}{1}\rightarrow A$ 为 5 的约数，B 为 4 的倍数

$1\frac{7}{8}\times\frac{B}{A}=\frac{15}{8}\times\frac{B}{A}=\frac{☆}{1}\rightarrow A$ 为 15 的约数，B 为 8 的倍数

$4\frac{1}{6}\times\frac{B}{A}=\frac{25}{6}\times\frac{B}{A}=\frac{\diamond}{1}\rightarrow A$ 为 25 的约数，B 为 6 的倍数

} $A=5$，$B=24$

因此，要乘上的分数是 $\frac{24}{5}$（$4\frac{4}{5}$）。

点拨

变成整数的过程中做了约分，所以分母变成了 1。

问题 78

有几个 0？

4 乘以 5 等于 20，20 的个位是 0，我们称之为“末尾 1 个 0”。84 乘以 125 等于 10500，10500 的百位不是 0，所以不数千位上的 0，只数个位和十位的 0，我们称之为“末尾 2 个 0”。

根据这一规则，计算下列算式，回答它们的结果末尾有几个 0。

（1）8×125

（2）$1 \times 2 \times 3 \times 4 \times 5 \times 6 \times 7 \times 8 \times 9$

（3）$1 \times 2 \times 3 \times \cdots \times 99 \times 100$

回答：

（1）答案：3

$$8\times125=1000$$

（2）答案：1

当然可以直接求乘积。

$$1\times2\times3\times4\times5\times6\times7\times8\times9=362880$$

但362880可看作36288×10，“×10”的个数和“末尾的0”的个数是一样的。10=2×5，可知“末尾的0”的个数为“×2×5”组合的个数。因此，1×2×3×4×5×6×7×8×9中，我们只关注其中的红字即可，即使不求乘积，也可得知结果是“末尾1个0”。

（3）答案：24

利用（2）的思路，对1×2×3×…×99×100进行质因数分解，求“×2×5”的组合数。一个“×2×5”的组合中，有“×2”和“×5”各一个，“×2”包含在2的倍数中，“×5”包含在5的倍数中，在100以内的整数中，5的倍数的个数比2的倍数的个数少，所以“末尾0”的个数即为“×5”的个数。5的倍数100÷5=20个，其中25的倍数（包含2个“×5”）的个数是100÷25=4个，所以“×5”的个数一共是20+4=24个。

也可用以下算式计算：

```
5 ) 100
5 )  20   ┐
      4   ┘→ 20+4=24
```

点拨

从1开始的连续整数的乘积的末尾0的个数等于“×5”的个数。

问题 79

铺瓷砖！

在长方形板上均匀地铺上尽可能大的正方形瓷砖。例如，板长 16 cm、宽 10 cm 时，铺法如下。

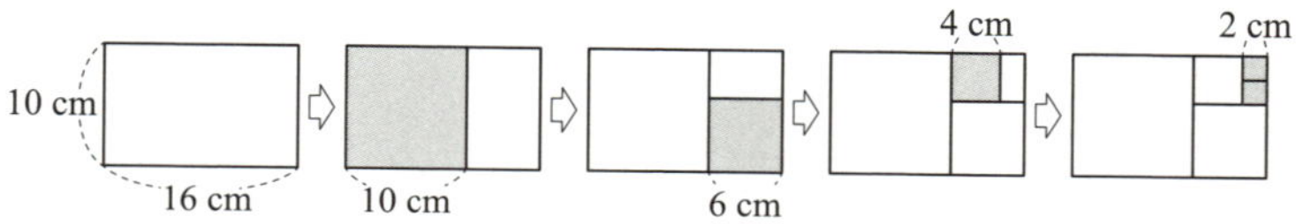

请回答下面的问题。

（1）如上图所示，在一块长 20 cm、宽 12 cm 的板上无缝隙铺正方形的瓷砖，一共需要多少片瓷砖？

（2）如上图所示，在一块长 175 cm、宽 126 cm 的板上无缝隙铺正方形的瓷砖，最小的瓷砖边长是多少？

回答：

（1）答案：4 片

如下图所示

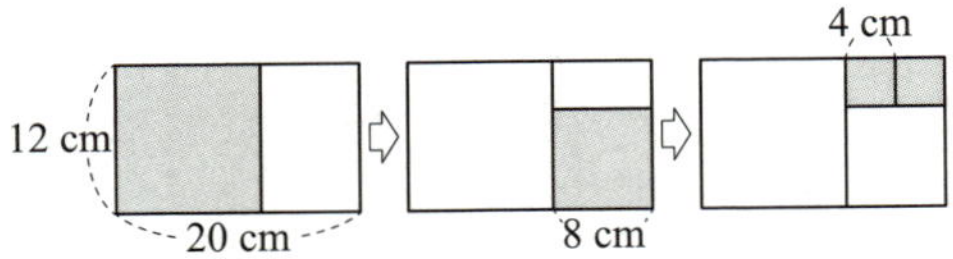

（2）答案：7 cm

无须画图，可计算求解。

175 cm ÷ 126 cm=1（片）……49 cm

铺 1 片边长 126 cm 的正方形瓷砖，留下 49 cm × 126 cm 的空间。

126 cm ÷ 49 cm=2（片）……28 cm

铺 2 片边长 49 cm 的正方形瓷砖，留下 28 cm × 49 cm 的空间。

49 cm ÷ 28 cm=1（片）……21 cm

铺 1 片边长 28 cm 的正方形瓷砖，留下 21 cm × 28 cm 的空间。

28 cm ÷ 21 cm=1（片）……7 cm

铺 1 片边长 21 cm 的正方形瓷砖，留下 7 cm × 21 cm 的空间。

21 cm ÷ 7 cm=3（片）

铺 3 片边长 7 cm 的正方形瓷砖，无剩余空间。

【其他解法】

$$\begin{array}{r|rr} 7 & 126 & 175 \\ \hline & 18 & 25 \end{array}$$

最大公约数是 7。

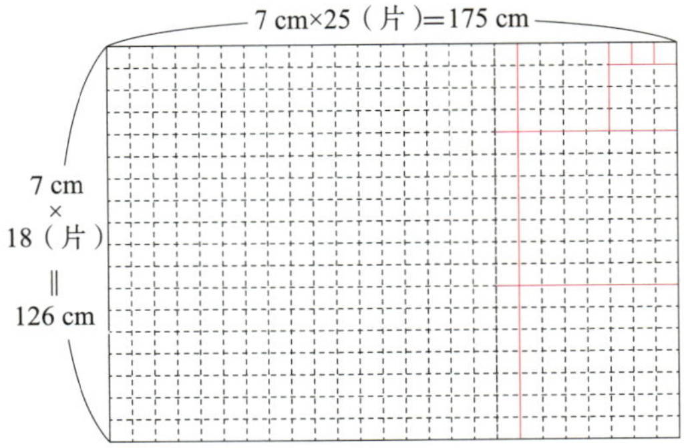

点拨

最后铺的瓷砖的边长是长方形板长和宽的最大公约数。

问题 80

能找到这样的数吗？

请分别在下面的□里填上合适的两位数。

连续 3 个整数 34，35 和 36，它们个位上的数之和的个位上的数是 5，十位上的数之和的个位上的数是 9。同样，连续 3 个两位整数□，□和□，它们个位上的数之和的个位上的数为 0，十位上的数之和的个位上的数为 6。

回答：

答案：89，90 和 91

连续写一些个位数，找出和的个位数为 0 的 3 个连续数字。

0　1　2　3　4　5　6　7　8　9　0　1　2　3…

我们要找的整数就是△ 9，☆ 0，☆ 1（△比☆小 1）。

△ + △ +1+ △ +1 的个位是 6,

$$△ + △ +1+ △ +1=6 \rightarrow △ \times 3=4$$

显然没有答案。

$$△ + △ +1+ △ +1=16$$

$$△ \times 3=14$$

没有答案。

$$△ + △ +1+ △ +1=26$$

$$△ \times 3=24 \rightarrow △ =8$$

点拨

写出来并观察是一种很重要的解题方法。

问题 81

你会算吗?

请回答以下问题。

(1)从 A 站开往 B 站的特快列车每 18 min 发 1 班车，普通列车每 12 min 发 1 班车。上午 7 点整正好有特快列车和普通列车同时发车。请问下一次同时发车的时间是几点?

(2)从 C 站开往 D 站的特快列车每天有 43 班，普通列车有 73 班，每班列车都间隔同样的时间发车。在首班车和末班车都是同时发车的情况下，特快列车和普通列车一天中会有几次同时发车?(包含首班车和末班车。)

回答:

（1）答案：上午 7 点 36 分

特快列车每隔 18 min 1 班，普通列车每隔 12 min 1 班，它们会每隔 36（18 和 12 的最小公倍数）min 同时发车。

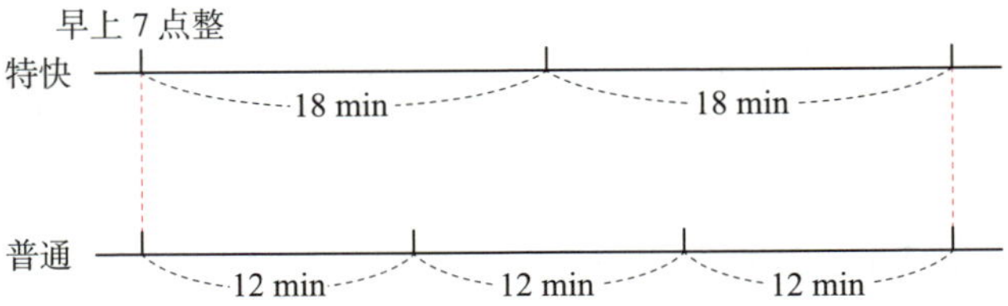

（2）答案：7 次

假设首班车发车到末班车发车的时间为 1，那么特快列车每隔$\frac{1}{42}$发 1 班车，普通列车每隔$\frac{1}{72}$发 1 班车。同时发车的时间是在$\frac{☆}{42}=\frac{★}{72}$的时候，$\frac{☆}{42}$约分得到的分数和$\frac{★}{72}$约分得到的分数是相等的。42 和 72 的最大公约数是 6，所以会分别在$\frac{0}{6}$，$\frac{1}{6}$，$\frac{2}{6}$，$\frac{3}{6}$，$\frac{4}{6}$，$\frac{5}{6}$，$\frac{6}{6}$的时候，共 7 次同时发车。

点拨

同时发车的问题中，相邻两次同时发车的时间间隔是☆和★的最小公倍数。

问题 82

我是几？

请回答以下问题。

（1）下列算式中的字母，分别是 0—5 这 6 个整数中的哪一个？相同字母代表相同数字，且各字母所代表的数字不重复。

$A \div B=B$　　$E-B=C$　　$E \times C=E$　　$D+F=D$

（2）5 位整数 *ABCDE* 和 *EDCBA* 之和为 68575。请问 *C* 是几？

回答：

答案与解析 ▸ 问题 82

（1）答案：A=4，B=2，C=1，D=5，E=3，F=0

$$A \div B=B \rightarrow 4 \div 2=2，A=4，B=2$$

$$E \times C=E \rightarrow C=1$$

$$E-B=C \rightarrow E-2=1，E=3$$

$$D+F=D \rightarrow F=0$$

最后剩下的整数是 5，所以 D 为 5。

（2）答案：7

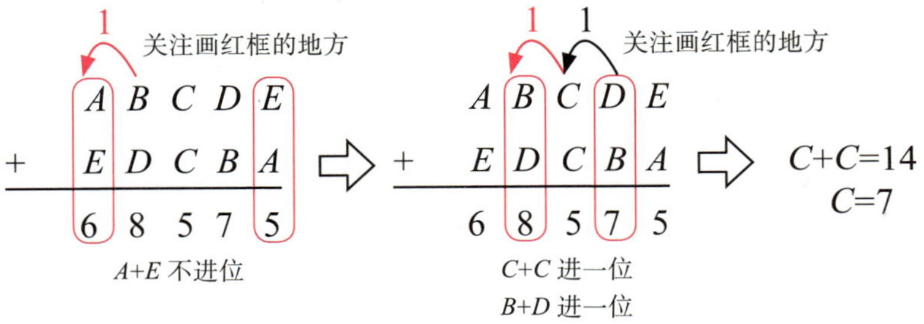

点拨

注意☆+0=☆，☆×1=☆的情况，以及平方数（例如 9=3×3，9 是 3 的平方数）。

休息区

趣味数学 7　哪一袋?

史先生做了花生巧克力和焦糖巧克力，外观上很难区分有什么不同。但从热量方面看，1 颗花生巧克力含 10 卡路里，1 颗焦糖巧克力含 9 卡路里。史先生准备了标有号码 1 到 10 的袋子，其中只有一个袋子里装着 20 颗花生巧克力，其余 9 个袋子都装着 20 颗焦糖巧克力。小茜想要花生巧克力，但史先生也不记得是哪个袋子了，没法给她选。这里有一个只需将巧克力放在上面就能测出热量的装置，请你想个办法，仅使用一次该装置，就找出装着花生巧克力的袋子。

回答：

从 1 号袋取出 1 颗，2 号袋取出 2 颗，……，10 号袋取出 10 颗，将这 55 颗巧克力全部放在装置上测热量。

如果全部都是焦糖巧克力，应该是

9 卡路里 / 颗 × 55 颗 =495 卡路里

如果实际测出的结果是 500 卡路里，那么

(500 卡路里 −495 卡路里) ÷ (10 卡路里 −9 卡路里) / 颗 =5 颗

可知花生巧克力有 5 颗，即 5 号袋子装着花生巧克力。

第八章

比　例

问题 83

记住盐水的 3 个公式哦！

下面 3 幅图中哪一个是正确的？

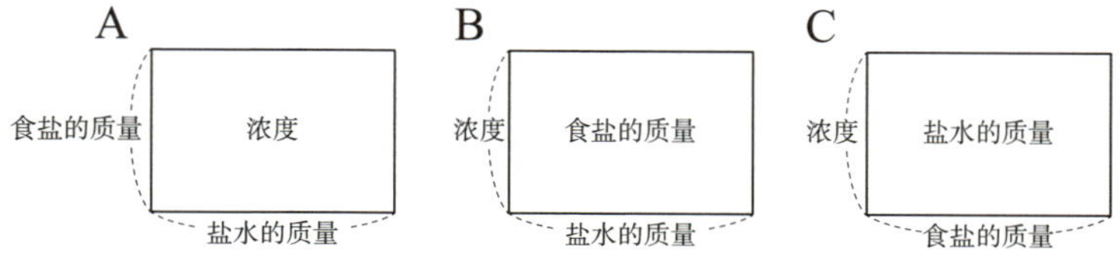

回答：

答案：B

浓度表示一定量盐水中溶解了多少食盐。例如，浓度 $1\%=0.01=\frac{1}{100}$，意味着 100 g 盐水中溶解了 1 g 食盐。也就是说，

$$浓度=\frac{食盐的质量}{盐水的质量}$$

把这个公式转换成乘法，就是

$$盐水的质量\times浓度=食盐的质量$$

所以宽表示浓度，长表示盐水的质量，面积表示食盐的质量的长方形是正确的。

点拨

请牢记：

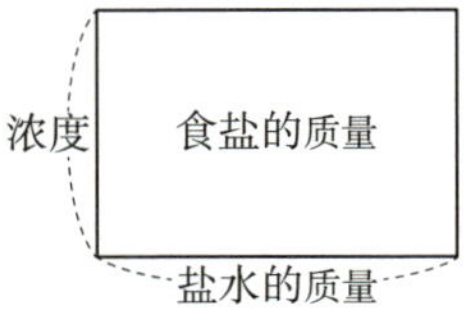

问题 84

记住原价、定价、卖价、利润之间的关系哦！

史先生从批发商那里以 20 元每袋的价格购入了橘子。按利润 10 元来定价，但是没人买。于是每袋降价 6 元，之后卖光了。请回答以下问题。

（1）定价比成本价高出几成？

（2）降价后的售价是定价的几折？

（3）实际利润是成本价的几成？

回答：

答案：(1) 高出 5 成 (2) 8 折 (3) 2 成

用线段图表示成本价、定价、实际售价和利润之间的关系。

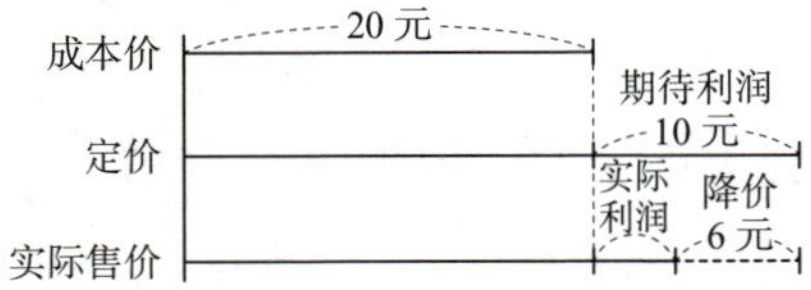

然后用“→”重新整理一下。

成本价20元 —期待利润 +10→ 定价30元 —降价 −6→ 实际售价24

成本价20元 —实际利润 +4→ 实际售价24

⇩

（1）成本价20元 —期待利润 +10元→

10元 ÷ 20元 =0.5

（或30元 ÷ 20元 =1.5，1.5−1=0.5）

（2）定价30元 —减价 −6元→

24元 ÷ 30元 =0.8

（或6元 ÷ 30元 =0.2，1−0.2=0.8）

（3）成本价20元 —利润 +4→

4元 ÷ 20元 =0.2

（或24元 ÷ 20元 =1.2，1.2−1=0.2）

问题 85

哪一个更合算?

傍晚，小茜去了一趟鱼店。鲷鱼和比目鱼的定价是一样的，鲷鱼现在打 8 折，比目鱼打 7 折。因为比目鱼更便宜，小茜想着那就买比目鱼吧。但鱼店老板说:“鲷鱼可以折上再打 9 折哦!”请问此时的鲷鱼和比目鱼，哪个卖得更便宜?

回答:

答案与解析 ▸ 问题85

答案：比目鱼

假设定价是 100 元。

鲷鱼价格：

$$100\text{元} \xrightarrow[100\text{元}\ \times 0.8]{8\text{折}=0.8\text{倍}} 80\text{元} \xrightarrow[80\text{元}\ \times 0.9]{9\text{折}=0.9\text{倍}} 72\text{元}$$

比目鱼价格：

$$100\text{元} \xrightarrow[100\text{元}\ \times 0.7]{7\text{折}=0.7\text{倍}} 70\text{元}$$

鲷鱼的折扣：

$$1 \times 0.8 \times 0.9=0.72$$

比目鱼的折扣：

$$1 \times 0.7=0.7$$

点拨

“折上折”题可以通过“比例 × 比例”来计算。

问题 86

倒来倒去，需要几次呢？

“皮斯卡”饮料是将“皮斯卡”原液和水按 1 ∶ 99 的比例调制而成的。但是小茜不小心在容器 A 中按 1 ∶ 9 的比例调制了 200 g 的“浓皮斯卡”。于是，她决定先倒出 100 g 的“浓皮斯卡”，再向容器 A 中加 100 g 的水稀释。

（1）如果将“皮斯卡”原液和水按 1 ∶ 99 的比例调制，皮斯卡的浓度是多少？

（2）“从容器 A 中倒出 100 g 皮斯卡，再加入 100 g 的水”的操作，需反复几次，容器 A 中的溶液才会比（1）的浓度低呢？

回答：

（1）答案：1%

浓度 = 溶质的质量 ÷ 溶液总质量 × 100%

$$\frac{1}{1+99}\times 100\%=1\%$$

（2）答案：4 次

从容器 A 中倒出 100 g 溶液，再加入 100 g 水，用面积图来表示：

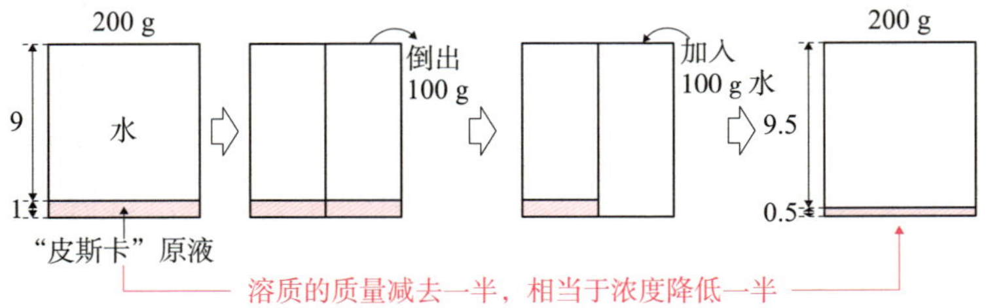

根据面积图，每操作 1 次，浓度就会降低一半。如果重复 4 次，浓度则是

$$10\%\times 0.5\times 0.5\times 0.5\times 0.5=0.625\% < 1\%$$

点拨

倒出来的液体的质量和倒进去的水的质量是一样的，这类问题可看作"与水等量交换"问题。

在"与水等量交换"问题中，交换后的浓度 = 交换前的浓度 $\times\left(1-\frac{\text{交换的液体的质量}}{\text{液体的总质量}}\right)$。

问题 87

降价了多少呢？

马先生以 10 元每 100 g 的价格购入 10 kg 蛤仔，以 20 元每 100 g 的价格卖出了 6 kg。到了傍晚，发现有 1 kg 的蛤仔奄奄一息了，于是把这部分蛤仔煮熟后，以 12 元每 100 g 的价格卖出，其余蛤仔也全部都降价卖掉了。最后获得的利润是预期的 80%。请问其余蛤仔是降了百分之几后卖出的？

回答：

答案与解析 ▸ 问题 87

答案：20%

$$10\text{元} \times \frac{10000\text{ g}}{100\text{ g}} = 1000\text{元}$$（购入所花金额）

$$20\text{元} \times \frac{6000\text{ g}}{100\text{ g}} = 1200\text{元}$$（以定价卖出的蛤仔的销售额）

$$12\text{元} \times \frac{1000\text{ g}}{100\text{ g}} = 120\text{元}$$（煮熟后卖出的蛤仔的销售额）

$$(20\text{元} - 10\text{元}) \times \frac{10000\text{ g}}{100\text{ g}} = 1000\text{元}$$（预期利润）

$$1000\text{元} \times 80\% = 800\text{元}$$（实际利润）

$$(1000\text{元} + 800\text{元}) - (1200\text{元} + 120\text{元}) = 480\text{元}$$（降价后卖掉的蛤仔的销售额）

$$10000\text{ g} - (6000\text{ g} + 1000\text{ g}) = 3000\text{ g}$$（降价卖掉的蛤仔数量）

$$480\text{元} \div \frac{3000\text{ g}}{100\text{ g}} = 16\text{元}$$（降价的蛤仔每 100 g 的价格）

$$\frac{20-16}{20} \times 100\% = 20\%$$

点拨

在商品的销售问题中，“成本价”“定价”“售价”的关系很重要。当有 2 个或 2 个以上商品时，可以把它们之间的关系整理成表格，这样才能更清楚地了解已知和未知条件，避免发生混淆。

	每 100 g 的价格 / 元	数量 / kg	合计 / 元
成本价	10	10	1000
预期利润	10	10	1000
定价	20	6	1200
折后价 1	12	1	120
折后价 2	16	3	480

问题 88

不通分也行……

请填出空格里的数字。（该数字为整数。）

$$\frac{9}{11} < \frac{17}{\square} < \frac{8}{9}$$

回答：

答案与解析 ▸ 问题88

答案：20

【解法一】

将分子都变为 9，17，8 的最小公倍数。

$$\frac{9}{11}<\frac{17}{\square}<\frac{8}{9}\rightarrow\frac{9\times17\times8}{11\times17\times8}<\frac{17\times9\times8}{\square\times9\times8}<\frac{8\times9\times17}{9\times9\times17}$$

如果 $11\times17\times8=\square\times9\times8$，那么$\square=20.777\cdots$；

如果$\square\times9\times8=9\times9\times17$，那么$\square=19.125$；

所以$\square=20$。

【解法二】

将分子都变为 17。

$$\frac{9}{11}<\frac{17}{\square}<\frac{8}{9}\rightarrow\frac{9\div9\times17}{11\div9\times17}<\frac{17}{\square}<\frac{8\div8\times17}{9\div8\times17}$$

如果$\square=11\div9\times17$，那么$\square=20.777\cdots$；

如果$\square=9\div8\times17$，那么$\square=19.125$；

所以$\square=20$。

【解法三】

如果把分数视作浓度（分子为溶质的量，分母为溶液总量），那么浓度为$\frac{17}{\square}$的液体是由较稀的浓度为$\frac{9}{11}$的液体与较浓的浓度为$\frac{8}{9}$的液体混合而成的。

由$\frac{9}{11}<\frac{17}{\square}<\frac{8}{9}\rightarrow\frac{9}{11}<\frac{9+8}{11+9}<\frac{8}{9}$可知，$\square=20$。

点拨

$\frac{B}{A}<\frac{B+D}{A+C}<\frac{D}{C}$。

问题 89

不知道浓度也没有关系……

“皮斯卡”饮料是用“皮斯卡”原液和水混合调制而成的。小茜在 A 杯中调制了 200 g“皮斯卡”，在 B 杯中调制了 120 g“皮斯卡”，因目测误差，A 杯中的“皮斯卡”过浓，B 杯中的“皮斯卡”过淡。于是，小茜决定同时从 A 杯和 B 杯中取出等量的“皮斯卡”，然后把从 A 杯中取出的“皮斯卡”倒入 B 杯，把从 B 杯中取出的“皮斯卡”倒入 A 杯。问应该从 A 杯、B 杯中各倒出多少“皮斯卡”？

回答：

答案：75 g

将问题中的条件用面积图来表示。

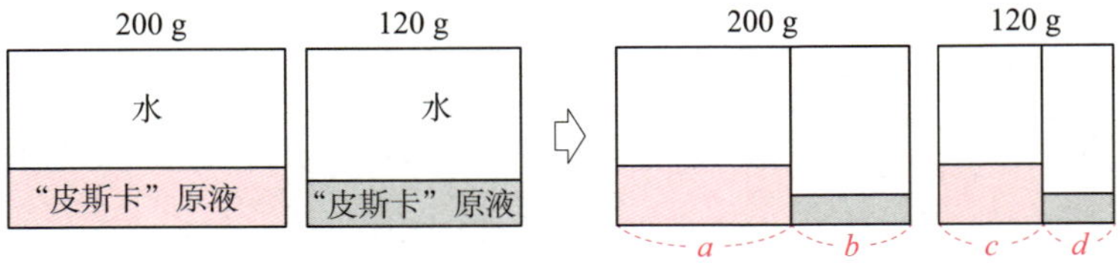

如右上图，如果 $a:b=c:d$，那么 A 杯、B 杯中的“皮斯卡”味道一样，即浓度相同。所以把两个杯子的“皮斯卡”像下图这样分一分就可以了。

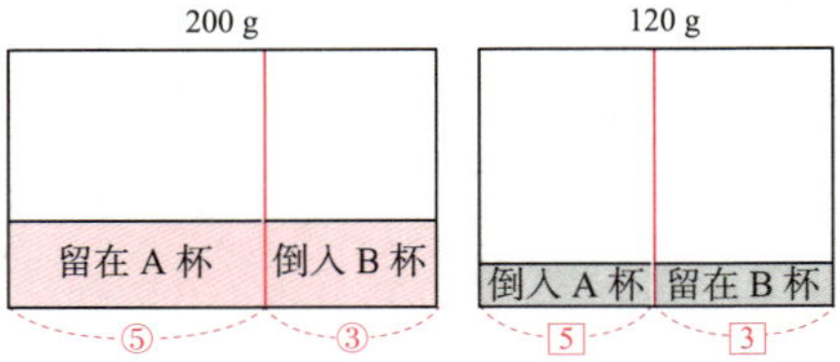

由面积图可知，取出的皮斯卡的量为：

$$\text{A 杯：}200\text{ g}\times\frac{3}{5+3}=75\text{ g}$$

$$\text{B 杯：}120\text{ g}\times\frac{5}{5+3}=75\text{ g}$$

点拨

“$200\text{ g}\times\frac{3}{5+3}$”中的“5”和“3”是 A 杯中留下和取出的液体的质量占比，这个算式的结果与“$200\text{ g}\times\frac{120\text{ g}}{200\text{ g}+120\text{ g}}$”相同。也就是说，利用等量交换的原理使浓度相等时，取出的质量为 A 杯、B 杯液体质量之积除以 A 杯、B 杯液体质量之和。

休息区

趣味数学 8　剩下多少时间？

煮鸡蛋和泡面的时候，可以用沙漏代替厨房定时器。例如，“计时 5 min”可以这样使用沙漏。

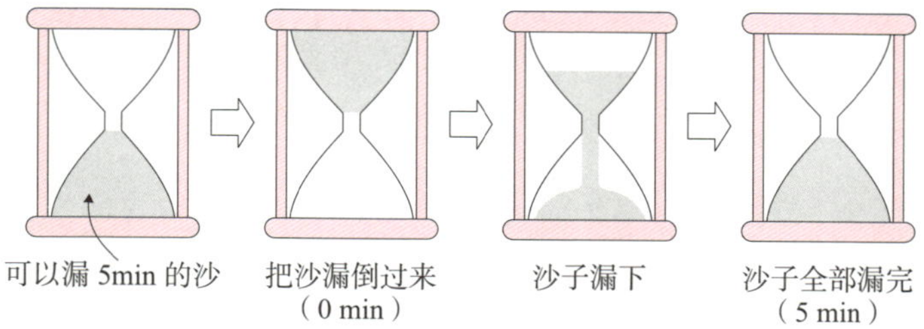

接下来，回答以下问题。

将“计时 5 min”的沙漏归零，然后根据下面的要求，按（A）（B）（C）的顺序进行操作。

（A）5 min 后把沙漏倒过来。

（B）4 min 后把沙漏倒过来。

（C）3 min 后将沙漏倒过来。

问（C）后，沙子全部漏完需要多久？

回答：

答案：4 min

将沙漏上部的沙子、下部的沙子整理在下表中就会发现，最后一次把沙漏倒过来后，上部留有可以漏 4 min 的沙子。

	开始	5 min 后倒过来		4 min 后倒过来		3 min 后倒过来		漏完
时间 / min	0	5		9		12		4
上部沙 / min	5	0	5	1	4	1	4	0
下部沙 / min	0	5	0	4	1	4	1	5

第九章

速　度

问题 90

往后几米？

乌龟和兔子进行 50 m 赛跑。它们同时起跑，兔子冲到终点时，乌龟只跑了 1 m。如果乌龟和兔子速度不变，同时起跑并同时到达终点，问兔子的起跑位置要往后移多远才行？

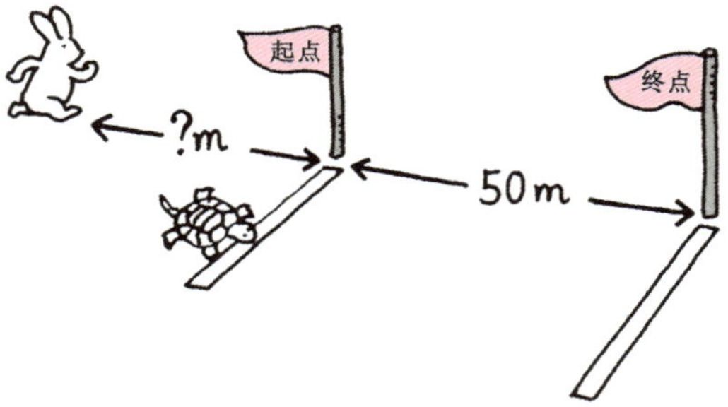

回答：

答案：2450 m

乌龟前进 1 m 时，兔子前进 50 m，那么，乌龟前进

$$1\ \text{m} \times 50 = 50\ \text{m}$$

时，兔子前进

$$50\ \text{m} \times 50 = 2500\ \text{m}$$

于是

$$2500\ \text{m} - 50\ \text{m} = 2450\ \text{m}$$

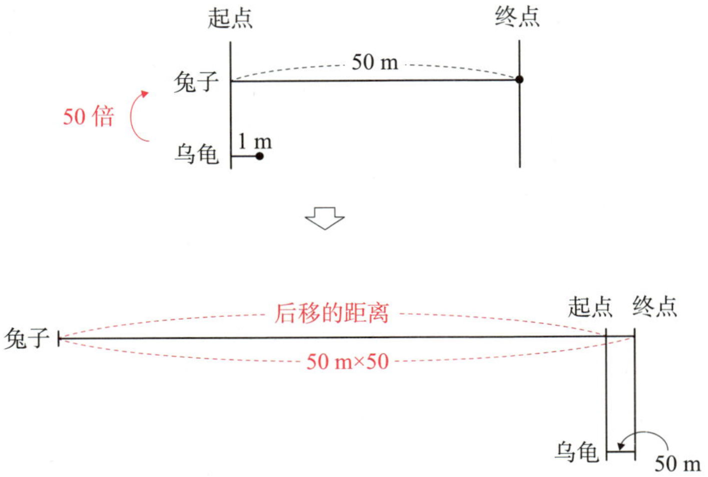

点拨

时间相同的情况下，距离与速度成正比。

问题 91

总共交会几次？

小茜和家人一起乘电车从东京去京都旅行。

小茜乘坐的电车上午 9 点整从东京出发，11 点 20 分到达京都。对向从京都开往东京的首班车是上午 6 点 5 分，此后每隔 20 min 一班。如果从东京到京都、从京都到东京，每一班电车的运行时间都相同，问小茜从东京到京都的沿路，会与对向的电车交会几次？

回答：

答案：14 次

由上午 9 点整出发，11 点 20 分到达可知，从东京到京都，乘电车需要 2 h 20 min。因此，上午 6 点 5 分从京都出发的电车，会在 2 h 20 min 后，即上午 8 点 25 分到达东京，之后每隔 20 min 都会有从京都出发的电车到达东京。小茜上午 9 点整从东京出发，路上遇到的第一班电车是上午 9 点 5 分到达东京的电车，这趟电车是

9 h 5 min（上午 9 点 5 分）–2 h 20 min = 6 h 45 min（上午 6 点 45 分）

从京都出发的。小茜上午 11 点 20 分到达京都，最后遇到的是上午 11 点 5 分从京都出发的电车。

[11 h 5 min（上午 11 点 5 分）–6 h 45 min（上午 6 点 45 分）] ÷ 20 min =13（次）

13+1=14（次）

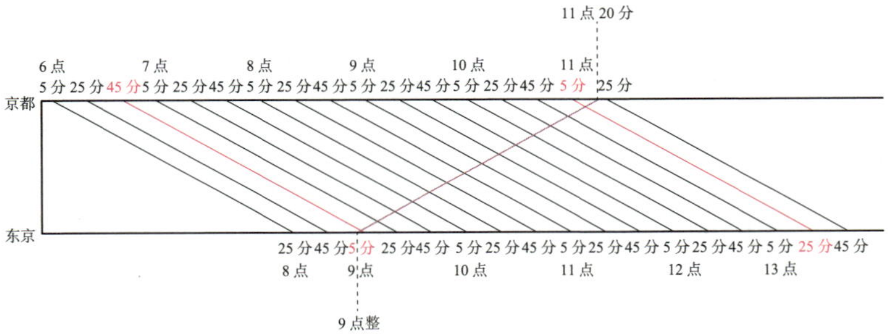

点拨

面对时间条件较多的问题时，利用运行图（或列车运行时刻表）比较容易理清思路。

问题 92

你会画画吗？

请回答以下问题。问题条件是，列车匀速行驶。

（1）一列 40 m 长的火车以 12.5 m/s 的速度行驶。火车从开始上桥到车身完全过桥共用 12 s 的时间。问这座桥有多长？

（2）一列火车从开始上桥（全长 164 m）到车身完全过桥共用 20 s。另外，该列车从开始进隧道（隧道全长 854 m）到完全出隧道共用 1 min 29 s。问这列火车有多长？

回答：

答案与解析 ▸ 问题 92

答案：110 m

这类题目用绘制线段图的方式更容易打开思路。

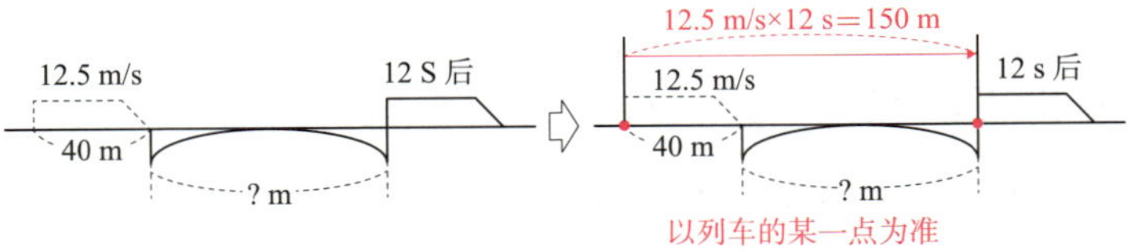

如上图所示，桥的长度为

$$150\ \text{m}-40\ \text{m}=110\ \text{m}$$

答案：36 m

左端对齐，画出过桥和穿隧道时的示意图。

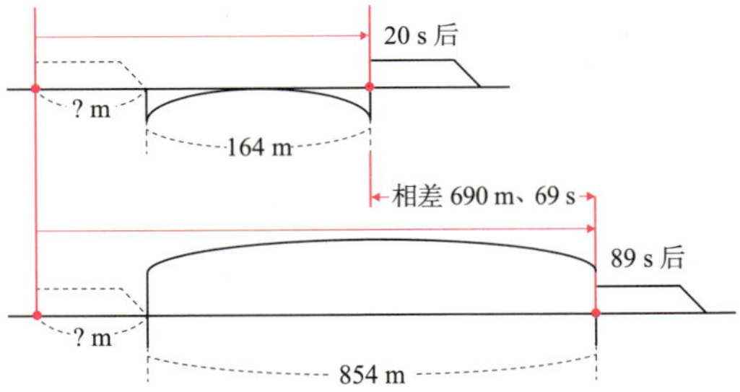

从上图中可以看出，列车的速度是

$$690\ \text{m} \div 69\ \text{s}=10\ \text{m/s}$$

$$10\ \text{m/s} \times 20\ \text{s}-164\ \text{m}=36\ \text{m}$$

点拨

计算此类题目可着眼于列车某一点的运动，比如车头或车尾。

问题 93

会在哪里遇上呢？

小茜和姐姐每天在家和公园之间不停歇地匀速跑一个来回，进行长跑训练。有一天，两人同时从家出发，玛茜和姐姐分别以 10 km/h 和 15 km/h 的速度向公园跑去。问下图中的哪个地方是她们相遇的地点？请用字母作答。

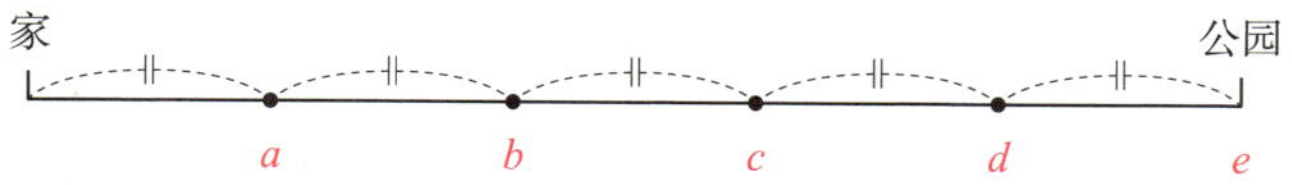

回答：

答案：*d*

速度 10 km/h 即“每小时前进 10 km”，速度 15 km/h，即“每小时前进 15 km”，同一时间内前进的距离之比为 2∶3。用线段图表示如下。

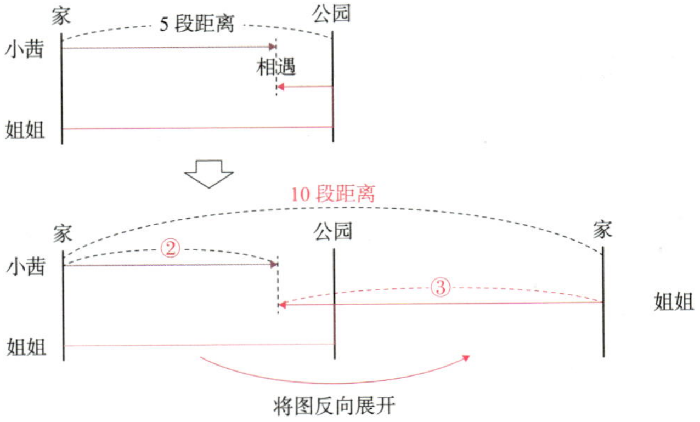

由上图可知，小茜跑出的距离是离家

$$10\text{ 段距离} \times \frac{2}{2+3} = 4\text{ 段距离}$$

点拨

折返后相遇问题的线段图可以转换成某一个人的路线向反向展开的图，将“两个人前进的距离之和”看作“1 个往返的距离”来思考会更容易理解。

问题 94

别忘记机械钟表

普通的机械钟表（有时针和分针的钟表），代表小时的短针（时针）12 h 绕一圈，代表分钟的长针（分针）1 h 绕一圈。请回答以下问题。

（1）午夜 0 点，分针和时针在表盘上 12 点处重合。请问下一次分针和时针重合的时间是几点几分？（分钟用整数、真分数或带分数表示）

（2）午夜 0 点到正午 12 点，将两针重叠的所有时刻距离午夜 0 点的时间加起来，一共是多少个小时？（正午 12 点不计入）

回答：

（1）答案：1 点 $5\frac{5}{11}$ 分

$$360° \div (60\ \text{min} \times 12)=\frac{1}{2}(°)\ /\text{min}（时针的角速度）$$

$$360° \div 60\ \text{min}=6\ (°)\ /\text{min}（分针的角速度）$$

$$6°-\frac{1}{2}°=\frac{11}{2}°（分针在每分钟内比时针多移动的角度）$$

$$360° \div \frac{11}{2}(°)\ /\text{min}=65\frac{5}{11}\ \text{min}=1\ \text{h}5\frac{5}{11}\ \text{min}$$

（2）答案：60 h

利用（1）得出所有两针相叠的时刻。

次数	1	2	3	4	5	6
时刻	1 点 $5\frac{5}{11}$ 分	2 点 $10\frac{10}{11}$ 分	3 点 $16\frac{4}{11}$ 分	4 点 $21\frac{9}{11}$ 分	5 点 $27\frac{3}{11}$ 分	6 点 $32\frac{8}{11}$ 分

次数	7	8	9	10	11
时刻	7 点 $38\frac{2}{11}$ 分	8 点 $43\frac{7}{11}$ 分	9 点 $49\frac{1}{11}$ 分	10 点 $54\frac{6}{11}$ 分	12 点 0 分

【其他解法】

上表中的第 11 次为 12 点 0 分，如果算上开始的 0 点 0 分，重叠的次数一共是 12 次，可以作为从 0 开始的 12 个差为 1 h$5\frac{5}{11}$ min（$=\frac{12}{11}$ h）的等差数列来计算。

$$(0\ \text{h}+12\ \text{h}) \times 12 \times \frac{1}{2}-12\ \text{h}=60\ \text{h}$$

点拨

分针和时针通常每 $1\frac{1}{11}$ h 重叠一次。

问题 95

如果不休息……

小茜独自给花坛除草需要 30 min，姐姐独自除草则需要 20 min。请回答以下问题。

（1）小茜和姐姐合作除草，需要多少时间？

（2）小茜和姐姐合作除草，途中姐姐被妈妈叫去帮忙，随后由小茜独自除草，总共花了 20 min。其中小茜一个人除草的时间是多少？

回答：

（1）答案：12 min

由题目可知，小茜独自除草需要 30 min，姐姐独自除草需要 20 min。假设除草的工作量是 30 和 20 的最小公倍数 60。

60 ÷ 30（min）=2（小茜独自除草 1 min 的工作量）

60 ÷ 20（min）=3（姐姐独自除草 1 min 的工作量）

2+3=5（小茜和姐姐合作除草 1 min 的工作量）

60 ÷ 5=12（min）

（2）答案：$13\frac{1}{3}$ min

用面积图整理题目中的条件。

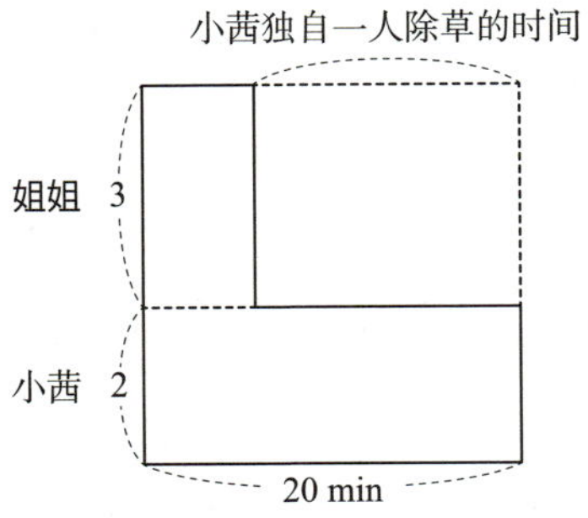

5 × 20（min）=100（如果姐姐不离开，两人合作除草 20 min 的工作量）

$(100-60) \div 3 = 13\frac{1}{3}$ min

点拨

两人工作时间不同的情况下，可以把整个工作量假定为工作时间的最小公倍数或者 1。

问题 96

天呐！救命用的救生圈被冲走了！

史先生的船上配有救生艇和救生圈。有一天，史先生驾船去上游，行到 A 点时救生圈不小心被冲到河里去了，但史先生继续行驶 8 min 到达 B 点时才注意到，于是他立刻调头回去捡救生圈。问史先生从 B 点返回，几分钟后才能追上救生圈？（假设河流的水速和船只在静水中的速度保持不变。）

回答：

答案：8 min 后

将题目的条件用线段图进行整理。

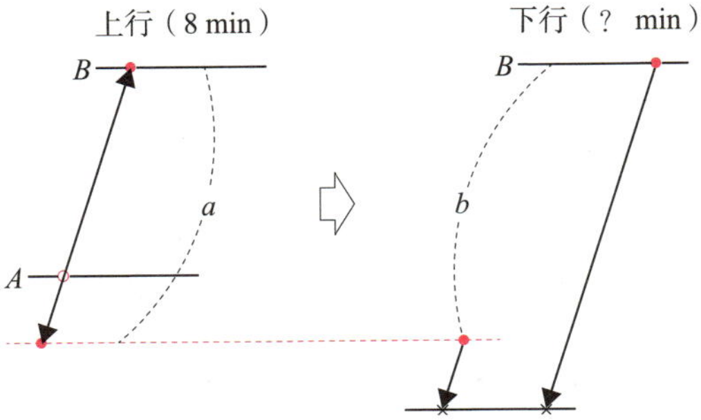

图中的 a 是史先生的救生圈掉入河中 8 min 后船与救生圈的距离。图中的 b 是史先生从调转船头到追上救生圈，船和救生圈移动的距离之差。

a=（船的上行速度 + 河流水速）× 8 min

b=（船的下行速度 − 河流水速）× ？ min

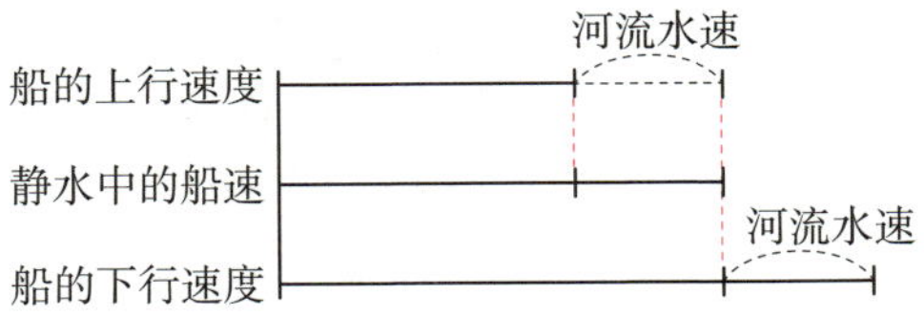

a=（静水中的船速 − 河流水速 + 河流水速）× 8 min

= 静水中的船速 × 8 min

b=（静水中的船速 + 河流水速 − 河流水速）× ？ min

= 静水中的船速 × ？ min

a=b，？ =8

点拨

可以用线段图表示船的上行速度、下行速度、静水中的速度，以及它们与河流水速之间的关系。

问题 97

让小狗运动起来！

小茜家的小狗非常喜欢玩球，当小茜和哥哥玩接球游戏的时候，小狗就会追着球跑来跑去。

小茜和哥哥相隔 60 m 玩接球游戏。球在哥哥手上，小狗也在哥哥脚下。哥哥将球投给小茜，同时朝着小茜慢慢走去，小狗马上跟着哥哥扔出的球跑向小茜。当小狗跑到小茜脚下时，小茜立刻将球扔向哥哥，小狗就这样不停地跟着球跑。哥哥也是一边走，一边在小狗跑到脚下时立刻扔球给小茜。

当哥哥和小茜的距离为 0 m 时，接球游戏结束。问此时小狗一共跑了多少米？（哥哥的速度是 10 m/min，小狗的速度是 100 m/min，匀速不变。）

回答：

答案与解析 ▸ 问题 97

（1）答案：600 m

利用图表，将本题中的条件整理一番。

$$60\ \text{m} \div 10\ \text{m/min}=6\ \text{min}$$

（哥哥和小茜的距离为 0 m 时所需的时间）

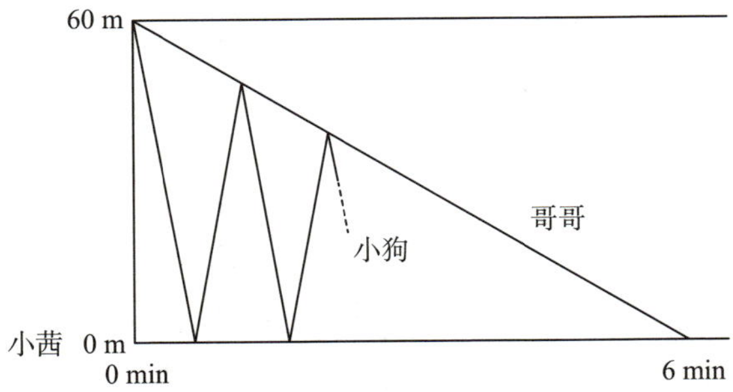

从上图中可以看出，小狗持续跑了 6 min。所以，小狗一共跑了

$$100\ \text{m/min} \times 6\ \text{min}=600\ \text{m}$$

点拨

对于往返跑的问题，利用图表加以整理，能更容易地找到解题的方向。

问题 98

现在几点？

某个时钟上有表示“分钟”的小刻度，但没有表示“小时”的数字。问下图中的钟指的是几点几分？（图中时钟的正上方的刻度不一定是“12”。）

回答：

答案：4 点 40 分

$30° \times 4-100°=20°$（时针从整点开始移动的角度）

$20° \div 0.5(°)/\text{min}=40\ \text{min}$（从整点开始经过的时间）

从整点开始 40 min 后，分针指向的应为“8”，那么时针应该是在“4”和“5”之间。

点拨

计算时间的要点是从“整点（*A* 点 0 分）”出发去考虑，因为在整点的时候，时针指的刚好是 1 到 12 中的某个数字。如下图所示，本题时钟的时针由某整点的位置，走到现在的位置，移动了 20°，由此可知现在的时间是某整点之后 40 min。

问题 99

走几级台阶才能到上面?

有 2 部自动扶梯，当有人靠近时会自动运行。2 部自动扶梯静止时，阶梯都是 48 级。东东和娜娜分别上了这 2 部自动扶梯。东东沿着移动的扶梯往上走，走了 33 级到了上面。当东东走上第 11 级台阶时，娜娜走上第 7 级。问娜娜走多少级台阶后会到上面?（2 部自动扶梯的速度相同。）

回答：

答案：28 级

用线段图表示东东的乘梯状态。

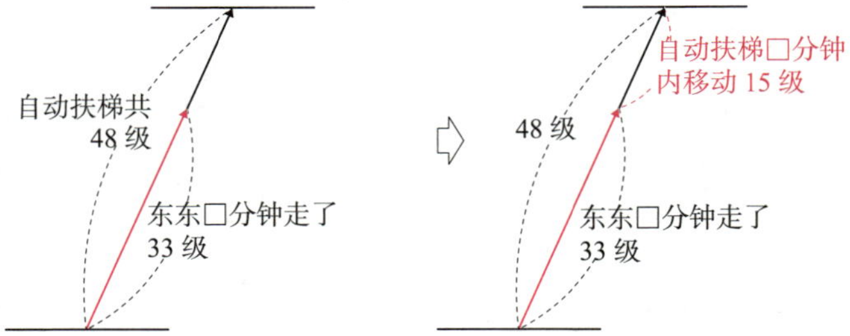

从图中可以看出，同样的时间，东东走的级数和自动扶梯移动的级数之比为 33∶15=11∶5。那么，娜娜走的级数和自动扶梯移动的级数之比为 7∶5。

$$48\text{ 级} \times \frac{7}{7+5} = 28\text{ 级}$$

点拨

在自动扶梯上移动的问题，跟船在流水中行进的问题一样，都是两个速度之和（走的速度 + 自动扶梯的速度），所以可以进行分解计算。

休息区

趣味数学 9　卡塔兰数

把 3 只小猫和 3 只小狗一只只地依次放进围栏里。如果围栏里的小猫比小狗多，小猫就会打小狗。要想小猫不打小狗，该以怎样的顺序放呢？一共有多少种方案呢？

回答：

答案：5 种

顺序	1	2	3	4	5	6
方案 1	狗	狗	狗	猫	猫	猫
方案 2	狗	狗	猫	狗	猫	猫
方案 3	狗	狗	猫	猫	狗	猫
方案 4	狗	猫	狗	狗	猫	猫
方案 5	狗	猫	狗	猫	狗	猫

【其他解法】

如左下图所示，在经过黑色线路时放 1 只小猫进围栏，在经过红色线路时放 1 只小狗进围栏，可行的线路如右下图所示，共 5 条。

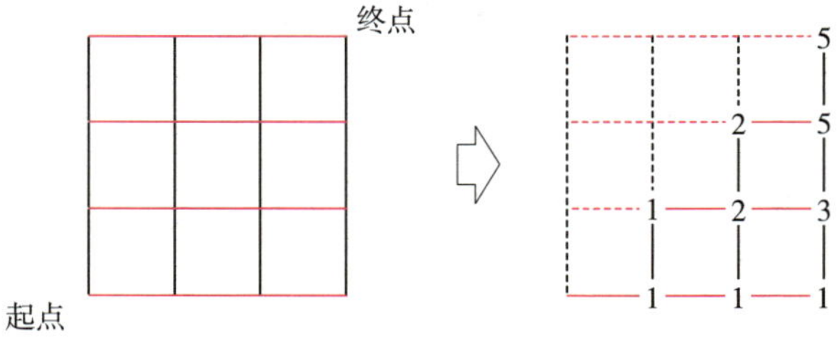

后记

“数学是一门需要‘灵感’的科目吗?”经常有人问我这样的问题。我认为，既是，也不是。需要还是不需要，取决于你的目标。

如果你想要在竞争极为激烈的中学入学考试中取得高分，“灵感”是必需的；如果心仪中学的最低合格线就是自己的目标，那么没“灵感”也无所谓。

在日本小升初的入学考试中，正确快速的计算能力、一定的知识储备量，以及理解和提炼应用题中给出的条件并按正确顺序进行处理的能力，绝对是必需的。我想，也正是因为有了这些储备才会出现“灵光一闪”的情况。

如果你因自家孩子“不灵光”而烦恼，那么我建议你首先了解孩子是在计算能力、知识储备和条件处理能力中的哪个方面存在问题，然后采取相应的对策。

本书在选题时，有意识地在每一章中都有所侧重。平面图形部分重在动脑子想办法（轻松求解的方法），立体图形部分重在如何看图（三维转二维的方法），应用题和数的规律性部分重在将条件可视化（文字转化成图表），排列组合和数的性质部分则以知识为中心，公式和计算部分尽量让孩子们从呆板计算中获得乐趣，比例和速度部分则尽可能少用公式，等等。

希望这些有关计算能力、知识储备和条件处理能力的尝试能成为低年级学生的启蒙，并能给予高年级学生解题技巧上的启发。

前田昌宏

2017 年 6 月